Tidigare titlar:

Cementhistoria –

med tre generationer de Jounge

och lite gotländsk kalkindustrihistoria

Dick de Jounge

Grafisk formgivning Björn Zachrisson, Officina Fraterna

Förlag: BoD – Books on Demand, Stockholm, Sverige

Tryck: BoD – Books on Demand, Norderstedt, Tyskland

ISBN: 978-91-7969-660-3

www.bod.se

INNEHÅLL

Förord

Våren 2020 hade jag, på uppmaning av mina två syskon i USA, sammanställt en fotobok om *Familjen de Jounge på Länna Gård* i Slite. Under åren 1935 – 1965 var vår far, Arendt de Jounge, disponent och chef för cementfabriken i Slite med privilegiet att få använda Länna Gård som bostad.

Infarten till Länna Gård ca 1965

När jag gjorde fotoboken ville jag även få med lite cementhistoria eftersom, förutom min far Arendt de Jounge, både min farfar, Allon de Jounge, och jag själv även hade varit verksamma inom cementindustrin. Vid tillfället hade jag dock inte tillgång till mina gamla papper eftersom de låg, mer eller mindre, bortglömda i ett skåp i min familjs sommarhus i Torekov, Skåne.

När sommaren kom, och det var corona-tider, hade jag gott om tid att fördjupa mig i sparade pärmar med material, som jag till minnes, inte hade sett på sedan jag lämnade Cementbolaget 1978, för 42 år sedan.

Som alltid när man studerar historia finner man intressanta fakta. Jag kunde finna information om både min farfar och far som jag inte kände till, och även min egen insats i cementbolagets utveckling över-raskade mig.

Cementhistoria var målsättningen, men kalkindustri i olika former, och framförallt på Gotland, var även intressant att studera. Både min farfar och far hade haft avgörande inflytande på utvecklingen av denna för Gotland så viktiga industri, som pågick i flera hundra år, men som nu är på väg att upphöra.

De källor som jag använt är böckerna:

CEMENT I 100 ÅR av Alf Åberg, 1972,
OM KALKINDUSTRIN PÅ GOTLAND av Henr. Munthe, L. Way Matthiesen och Hans Hansson, 1945
GOTLANDS KALKPATRONER av Arvid Ohlsson, 1964, samt
KALKSTEN Händelser och personer kring kalkstenen i Limhamn under 100 år av Ingemar Wickström, 2020

För övrigt har jag en 160 sidor tjock rapport om PRODUKTIONS-UTREDNINGEN 1971, vilken jag som sammanhållande i utredningen själv var skyldig till.

Dessutom hade jag mina gamla sparade papper, fotoalbum, m. m.

Augusti 2020
Dick de Jounge

Utdrag ur boken

Cement i 100 år

En krönika om Skånska Cementaktiebolaget - AB Cementa
Av Alf Åberg, 1972

"När tiden var mogen

Vad som nu menas med cement, alltså portlandscement, började framställas i England under förra hälften av 1800-talet. Långt dessförinnan hade man experimenterat med byggnadsmaterial, som hårdnar efter tillsats av vatten. Redan romarna använde för sina stora byggnadsverk ett hydrauliskt murbruk, som bestod av kalk tillsatt med sådana vulkaniska ämnen som puzzolan, santorin och trass. Metoden hade de lärt sig på experimentell väg. Anledningen till att dessa bergarter bildade ett så ypperligt bindemedel var att de innehöll löslig kiselsyra.

Den dröjde långt in i den nyare tiden, innan man kom underfund med att framställa cement utan tillsats av vulkaniska bergarter. I Sverige arbetad Christoffer Polhem med att framställa ett hållbart cement av enbart svenska råvaror. När han byggde Trollhätte slussar år 1718, använde han alunskiffer – bränd och malen – som tillsats till murbruket. Hans experiment fortsattes av Sven Rinman vid Garphyttans alunverk, där man framställde cement genom en blandning av bergkalk och mjöl av bränd och slagen alunskiffer. ---------

Under tiden hade man i England kommit fram till en annan metod att framställa hydrauliskt murbruk utan att tillsätta några vulkaniska bergarter. Den som kom på idén var den engelske ingenjören John Smeaton. När han år 1759 byggde fyren på Eddystone, använde han kalk bränd av kalksten från grevskapet Glamorgan, som gav ett ypperligt murbruk. Det hårdnade kraftigare än kalk och var motståndskraftigt mot vatten. När han närmare undersökte stenen, visade den sig innehålla kiselsand och lera. Smeaton insåg att det var dessa ämnen, som gav murbruket egenskapen att hårdna under vatten. Smeaton drog därför slutsatsen att det inte var den rena kalkstenen som gav det starkaste murbruket. Sådant fick man istället av kalksten med lägre kalkhalt och med vissa procent kiselsyra och lerjord.

Sedan denna upptäckt vara gjord, återstod det att komma på en metod att på konstgjord väg åstadkomma ett lika fullgott cement. Efter ett långt experimenterande lyckades muraren Joseph Aspdin i Leeds år 1824 framställa ett hållfast och motståndskraftigt cement genom att bränna en blandning av kalk och lera i särskilda proportioner och vid mycket hög temperatur. Den nya produkten kallades *portlandcement* efter den förträffliga byggnadsstenen på halvön Portland i Engelska kanalen. --------

År 1869 begav sig den då nyutexaminerade civilingenjören Otto Fahnehjelm till Gotland för att undersöka möjligheterna att grunda en cementfabrik på denna svensk kalkindustris klassiska mark. Han undersökte kalksten och märgel vid Klintehamn några mil söder om Visby, men resultaten var nedslående. Därefter kastade han sina blickar mot själva Visby. "Ingen plats kunde äga företräde framför Visby", tyckte han. -------

Otto Fahnehjelm var den förste i vårt land, som på allvar studerade cementfrågan. Efter dessa lyckligt avslutade förundersökningar begav ha sig utomlands för att studera cementfabriker i England och Frankrike. Hans arbete fortsattes av civilingenjör A. W. Lundberg som varit byggmästare i Falun och nu satt som länsarkitekt i Visby. -------

Den gotländska kalkstenen och märgeln kunde erhållas nästan utan kostnad och fanns i tillräcklig mängd för många århundraden framåt. "så måste tvivelsutan en cementfabrik på Gotland bli i hög grad vinstgivande, om den sköts med omsorg och av en person som är förtrogen med behandlingen av råmaterielen", slutade Lundberg sitt utlåtande.

Nu var tiden mogen att sätta igång cementtillverkning i Sverige, menade Lundberg och anvisade också platsen för en sådan vid Visby. Men det skulle dröja många år innan hans utredning följdes av handling på Gotland. Den första cementfabriken i vårt land skulle inte komma att anläggas här utan i Skåne. --------

Cementförsäljningen organiseras

I slutet av 1880-talet intensifierades byggnadsverksamheten i städerna, och i samband därmed uppstod det en våldsam hausse inom cementfabrikationen. Nya fabriker byggdes i grannländerna. I Danmark anlades en cementfabrik i Aalborg, i Norge en vid Kristiania, och i Tyskland ökade cement-produktionen enormt. Sverige hade vid denna tid fyra cementfabriker: vid sidan av fabrikerna i Lomma och Limhamn fanns det en fabrik i Visby och en i Degerhamn på Öland. Planer förelåg också på en fabrik i Hällekis.

Stor vedeldad 6-kantig kalkugn vid Länna i Slite, Othems s:n n:r 12, anlagd av J.A. Bachér 1871. Viadukten från det ovanför liggande kalkstensbrottet. L. Way-Matthiesen foto 1934

Sedan många århundraden tillbaka har kalkstenen spelat en ledande roll i Gotlands näringsliv. Kalken behärskade fullkomligt marknaden i länderna kring Östersjön: den var lika viktig för ön som järnet var för det svenska fastlandet, säger fil. dr Holger Rosman. Kalkstenen brändes i kalkugnar, av vilka över femhundra är kända. Särskilt i kalkstens områdena i norra delen av Gotland kan man ännu studera resterna av dessa ståtliga, vita ugnar, föregångarna till dagens cementindustri.

Ägarna till de större ugnarna kallades kalkpatroner, och med sina bruk skapade de ett slags herrgårdskultur på den gotländska landsbygden.

I slutet av 1800-talet började kalkbränningen förlora i betydelse och ersättas av cementindustrin. Planerna att skapa en cementfabrik i Visby går tillbaka ända till år 1871, då ingenjören A. W. Lundberg avgav en positiv analys av den gotländska kalkens och märgelns användbarhet till cement. Men Lundberg lämnade ön och flyttade till Lomma, och först tolv år senare togs tanken upp igen, sedan ingenjören Otto Fahnehjelm gjort en ny undersökning och förklarat: "Med hänsyn till den outtömliga tillgången på råmaterial, det fördelaktiga läget i förhållande till Visby stad och hamn samt den relativt billiga arbetskraften" yttrade han, att "för var och en, som känner förhållandena vid Visby, är det lätt att inse hur sällsynt välbelägen denna fabrik är. Ingenstädes finnas mig veterligen så många gynnsamma förhållanden förenade på en plats."

Själva initiativet till denna utveckling hade tagits av grosshandlaren i Stockholm Wilhelm Carlson, som köpt ett område vid Kopparsvik strax utanför Visby. Här byggde han våren 1883 en första fabrik för tillverkning av portlandcement och bränd kalk. Fabriken låg bredvid ett kalkberg med ett märgeltag i närheten. Man disponerade också över en torvfabrik vid Spånga, som kunde förse fabriken med bränsle till kalkbränning och ånga. Från fabriken ledde järnvägsspår till hamnen i Visby.

Tavla Visby cementfabrik 1934

Carlson hade många svårigheter att komma igenom, innan han kunde framställa något dugligt cement. För att utvidga anläggningen vid Kopparsvik inbjöd han våren 1887 till aktieteckning i ett företag, som kallades *Aktiebolaget Visby Cementfabrik*. Förutom Carlson var inbjudningen undertecknad av tre borgare i Visby – borgmästare C. Een, grosshandlare C. J. Björkander och tyske konsuln Carl L. Ekman – samt ingenjören Fahnehjem. Aktiekapitalet var bestämt till minst 200 000 kronor. Avsikten var att i första hand tillverka cement, men man skulle också ägna sig åt "cementarbeten, kalk, huggen kalksten m. m., som till dessa industrigrupper hörer".

Först på 1890-talet började företaget bära sig. De övriga aktieägarna utlöstes då av den kapitalstarke doktorn Gustaf Bergman, som år 1898 lät bygga om fabriken. Fabriken inreddes med schaktugnar för konti-nuerlig drift, och kapaciteten ökade kraftigt – från 6 000 ton år 1858 till 20 500 efter ombyggnaden vid sekelskiftet. Teknisk ledare för detta arbete var Allon de Jounge, som år 1887 blivit disponent vid fabriken. Han var då 30 är gammal och hade börjat sin bana inom järnindustrin, närmare bestämt Gysinge bruk, men skulle göra sin stora insats i den gotländska cementindustrin. ....

Ända sedan 1700-talets början hade det förekommit industriell verksamhet vid Degerhamn på Öland. I den sydliga delen av ön finns det outtömliga fyndigheter av kalksten och alunskiffer, och hamnen i Degerhamn är den bästa på hela Öland.

År 1723 fick landshövdingen Georg Wilhelm Fleetwood och assessorn Gustaf Fredrik Rothlieb tillstånd att vid Degerhamn grunda ett alunbruk, som fick namnet *Lovers bruk*. Alunskiffern bröts här och transporterades sedan vidare till Smålandskusten, där den bearbetades. Alunindustrin var under 1700-talet en av våra viktigaste exportindustrier, och det fanns inte mindre än åtta alunbruk i landet. Alunet användes för olika slags medicinska ändamål, som betmedel i färgerierna och till garvning av skinn och läder. När det var som bäst, tillverkade man 1 000 fat alun om året vid Lovers bruk.

Alunet från Degerhamn ansågs som det bästa i landet. Å 1804 anlades ett nytt alunbruk söder om Lovers skifferbrott. Initiativtagare till detta bruk, som kallades *Ölands Alunbruk* var landshövdingen Axel Adlersparre och handlanden Theodor Foënander i Kalmar. Bruket blev ett stort och lönande industriföretag. De tjugo alunpannorna eldades med alunskiffer som bränsle, och Adlersparre lyckades driva upp produktionen till över 2 400 tunnor per år. Arbetsfolket värvades på fastlandet och flyttades över till Öland. "Det var inte alltid de bästa och lugnaste arbetskrafterna, som var beredda att bosätta sig i dessa okända trakter", berättar Frans Killig som skrivit brukets historia. År 1822 uppgick arbetsstyrkan till 322 personer, och bland dem var 116 barn. Abraham Ahlquist, som detta år besökte bruket, prisar företaget, som ger uppehälle åt så många människor "på en steril rymd, där inte någon levande varelse kunde nära sig". Ännu står det en del bruksbyggnader kvar med pumpverket, som drevs av en väderkvarn, och några präktiga bostadslängor, som ännu är i bruk.

Gamla alunbruket på Öland 1920

De mest bestående minnena av Ölands alunbruk är ändå de väldiga högarna av rödfyr, som då var dystert kala men nu är klädda i en rik grönska.

Konkurrensen med de kemiska storindustrierna på kontinenten gjorde att aluntillvekningen blev mindre lönarde. År 1885 köptes de båda alunbruken vid Degerhamn av konsul Nils Persson i Helsingborg och direktör Julius Frosell i Stockholm. Köpesumman var 132 000 kronor. De båda herrarna gjorde en nätt inkomst, när de några månader senare sålde de båda bruken för 495 000 kronor till ett nybildat företag, *Ölands Cementaktiebolag*, som bildades i november 1886 med ett minimikapital på 300 000 kronor. Ordföranden i den första styrelsen var den berömde polarforskaren, professor A. E. Nordenskiöld. Det var väl troligen på grund härav som bolaget till sitt varumärke valde isbjörnen som symbol för Degerhamnscementets styrka och härdighet.

Nyåret 1888 stod den nya fabriken färdig, men tillverkningsmetoden slog fel och årsproduktionen stannade vid 60 000 fat (10 000 ton). Fabrikationen måste läggas om och detta medförde stora kostnader. Först sedan man börjat använda blålera som tillsatsmedel till kalkste-

15

nen lyckades man få fram ett gott cement. Bolaget sysslade inte bara med cementtillverkning utan producerade också bränd kalk, alun, bearbetad kalksten, rödfärg, vitriol och grön och gul slamfärg. Först efter hand avvecklades framställningen av alla andra produkter. Bolaget hade ett eget försäljningskontor i Stockholm, som förestods av disponenten Axel Ödmann.

De tre cementfabrikerna i Limhamn, Degerhamn och Visby konkurrerade med varandra och trängde in på varandras försäljningsområden. Trots att nära hälften av produktionen – inemot 150 000 fat (25 000 ton) – gick på export, var konkurrensen inom landet mördande och orealistiska prissänkningar som hotade företagens ekonomi. En sådan försäljningspolitik ansåg Berg förkastlig, bolagen borde i stället samarbeta i en gemensam försäljningsorganisation och ägna sig åt att förbättra kvaliteten på cementet och minska produktionskostnaderna. Med en sådan organisation kunde man också föra en fastare politik gentemot den utländska konkurrensen och skapa nya marknader.

För själva tillkomsten år 1893 av det gemensamma *Svenska Cementförsäljningsaktiebolaget*, som sedermera fick namnet *Cementa,* skall redogöras i annat sammanhang."

(Jag som sammanställer denna skrift, Dick de Jounge, är den tredje generationen de Jounge inom cementindustrin, och jag kommer att återkomma till detta. Jag har minne av att min pappa Arendt berättade att Farfar Allon vid något tillfälle var majoritetsägare av *Ölands Cement AB*, och att han överlät en mindre post till Franz Killig, som är omnämnd ovan. Det är därför som jag även skriver om *Ölands Cement-Aktiebolags* historia. Jag har dock inte hittat några bevis på detta i boken *Cement i 100 år* eller annorstädes).

"Förvärvet av de gotländska cementfabrikerna

Under 1930-talets första år inträdde en avmattning i konjunktur-
läget. Depressionen i förening med en långvarig byggnadsstrejk ledde
till en minskning i cementkonsumtionen inom landet. Först år 1934
började försäljningssiffrorna åter att stiga. Trots detta avbräck fort-
satte Cementbolaget att expandera. Den lyckosamt påbörjade sam-
manslagningen av cementfabriker utsträcktes nu till Gotland. År 1931
förvärvade bolaget huvudintresset i *Aktiebolaget Visby Cementfabrik*
och samma år även i *Slite Cement och Kalk Aktiebolag*.

Aktiebolaget Visby Cementfabrik hade - som tidigare nämnts – grun-
dats år 1883 som den andra i ordningen av Sveriges cementfabriker.
Initiativtagare till bolaget var grosshandlare Wilhelm Carlson, men på
1890-talet, så fabriken började bära sig ekonomiskt, blev han och de
övriga aktieägarna utlösta av doktor Gustaf Bergman. Till driftsledare
och chef för fabriken utsågs då Allon de Jounge.

Visbyfabriken undergick flera utvidgningar och moderniseringar. När
bolaget startade, hade man schaktugnar, som fylldes uppifrån och
tändes längst ned och som brann vissa timmar. De utbyttes efter
de Jounges tillträde mot Schneiderugnar, som var avsedda för konti-
nuerlig drift och i och med detta medförde en ökning av produktionen.

Priset på cement var beroende av prissättningen på stenkol, som
importerades från England och Tyskland. Kolpriserna ökade ständigt
under 1890-talet, och för att befria sig från beroendet av kolen under-
sökte de Jounge möjligheterna att tillgodose behovet av kraft med
inhemskt bränsle. Han kom till den uppfattningen att man kunde an-
vända gotländsk torv i stället för stenkol under ångpannorna. Bolaget
köpte på hans förslag torvmarker i Martebo myr. Försöken att använda
bränsletorv för fabrikens kraftcentral slog väl ut och bidrog till att sty-
relsen år 1907 beslöt att uppföra en helt ny fabrik och övergå till våt-
metoden.

De gamla schaktugnarna utbyttes mot en arbetskraftsbesparande
roterugn enlig ny amerikansk modell. Torv skulle helt användas som
bränsle i den nya ugnen. Fabriken utrustades med två torvgasmaskiner
om sammanlagt 750 hästkrafter och blev härigenom den första större

industriella anläggningen av detta slag i Sverige. Fabriken blev färdig år 1909 och kompletterades världskrigets första år 1914 med ytterligare en roterugn. Visbyfabriken hade ingen egen hamn utan måste anlita hamnen i staden.

År 1917 övergick Allon de Jounge i generalkonsul Axel Ax:son Johnsons tjänst som direktör i *Aktiebolaget Karta & Oaxen* i Stockholm. Hans efterträdare, disponent Sahlin, hade en rad besvärliga år med stagnation i byggnadsindustrin, prisfall och hård konkurrens inom cementindustrin. Torveldningen upphörde år 1920, då man anslöt fabriken till *Gotlands Kraftverk* (ASEA). År 1926 tillträdde Arendt de Jounge, son till Allon de Jounge, först som driftsingenjör och sedan som disponent åren 1926-1932. Han var 26 år vid tillträdet. Först år 1929 kunde fabriken utnyttja sin fulla kapacitet, och då blev också anläggningen föremål för en omfattande modernisering.

År 1931 då *Skånska Cement AB* förvärvade aktiemajoriteten, hade Visbyfabriken en kapacitet av 62 000 ton cement om året och ett aktiekapital på 1,2 miljoner kronor.

Slite Cement och Kalk AB grundades år 1917 på Gotlands östkust. Hamnen är den bästa på ön – bara under en kort tid av året är den blockerad av is och genom sitt läge är den skyddad för de svåra sydväststormarna om hösten. Utanför hamnen på Enholmen ligger ruinerna av Karlsvärds fästning, som byggdes under stormaktstiden för att skydda denna utsatta sida av kusten för en fientlig invasion.

Vid Slite låg de första kalkugnarna på ön – vid Länna, Slite backe och skär. Här fanns rika tillgångar på både kalksten och märgelskiffer, belägna nära utskeppningshamnen. Platsen var idealisk för anläggning av en cementfabrik, och hösten 1916 grundades helt följdriktigt *Slite Cement och Kalk Aktiebolag* med ett aktiekapital av 1,5 miljoner kronor.

Ordförande i styrelsen blev skeppsredaren och konsuln Arthur Du Rietz, som vid denna tid köpte trävaror i Ryssland för de svenska tändsticksfabrikerna. För att hans fartyg inte skulle sakna last på återresorna ville han sälja cement från Slite på Ryssland. Verkställande direktör blev Fredrik Nyström, som hade sina rötter i de gamla kalkpatronsläkterna på Gotland. Bolaget köpte mark och fartyg av Nyströms far, grosshandlare Ferdinand Nyström i Othem. En hypermodern cementfabrik uppfördes i Slite. Den var försedd med en 73 meter lång roterugn och en cementkvarn. Den maskinella utrustningen levererades av firma *G. Polysius* i Dessau.

I april 1919 kom fabriken igång, och de första skeppningarna av cement kunde börja. Efter hand tillkom nya byggnader, däribland nya cementsilos med maskinella packningsanordningar. En anläggning för utvinning av kali, den första i sitt slag i riket, utfördes efter anvisningar av *Aktiebolaget Jungner-Kali* i Stockholm. Kali-framställningen nedlades dock efter några år.

En andra roterugn installerades i fabriken år 1929. Ångkraftcentralen i Slite, som ursprungligen tillhörde bolaget, överläts till ASEA, sedermera *Aktiebolaget Gotlands Kraftverk.*

Visbyfabriken skapade aldrig något eget samhälle, eftersom tjänstemännen och arbetarna hade sina bostäder inne i staden. I Slite var det annorlunda. Här fanns det redan ett litet samhälle ända från kalkbränningens dagar. Det bestod av en mängd små stenhus, där de ofta stora arbetarfamiljerna måste tränga sig samman i ett enda rum. Familjerna hade självhushåll, och till huset hörde därför vanligtvis en ladugård, där en ko och en gris var inrymda.

Efter fabrikens grundande byggdes nya bostäder för tjänstemännen och nyinflyttade arbetare. År 1924 sysselsatte fabriken 17 tjänstemän och 257 arbetare. Dessutom fanns det 40 tunnbinderiarbetare, av vilka 35 var minderåriga. I närheten av fabriken låg den ståtliga Länna gård, som sedan 1600-talet varit bebodd av mäktiga kalkpatroner av släkterna Fries, Sturzenbecker och Enequist. Nu övertogs den av bolaget, rustades upp och blev bostad åt verkställande direktören.

År 1931 hade fabrikens kapacitet genom successiva utvidgningar höjts till 700 000 fat (120 000 ton). Aktiekapitalet uppgick till något över 3 miljoner kronor. I maj detta år övertog *Skånska Cementaktiebolaget* aktiemajoriteten i Slitebolaget. Häradshövding Wehtje inträdde som styrelsens ordförande, och Arendt de Jounge blev ny verkställande direktör.

Sammanslagningen var ett led i den pågående industriutvecklingen. Överföringen av aktiemajoriteten till *Skånska Cementaktiebolaget* betydde för Slitefabrikens del att den fick en vidgad kundkrets.

I samband med övertagandet anslöts Slitebolaget till *Cementa*. Försäljningsorganisationen lades om. Cementet skeppades i fortsättningen till de platser, där fraktpriserna var gynnsammast. Stockholm, Norrland och ostkusthamnarna i Svealand blev Slitefabrikens naturliga avsättningsområde. Distributionen skedde delvis på egna fartyg. Från år 1934 började man skeppa cement löst i fartygen till betongfabriker på fastlandet." ....

"År 1932 flyttade Arendt de Jounge från Visby till Slite, och där vidtog nu en livaktig period, efter det att *Skånska Cementaktiebolaget* övertagit fabriken. Den var byggd av den tyska firman *Polysius*, vars konstruktioner kanske inte var lika goda som *F.L. Schmidts*. De var inte heller särskilt väl underhållna. Den äldsta *Polysius* ugnen blev nu ombyggd och förlängdes från 70 till 95 meter. Nya cementsilos byggdes, och en cementkvarn av *F. L. Schmidts* konstruktion inmonterades i cementverket. År 1939 installerades en tredje roterugn, 115 meter lång. Genom dessa ombyggnader ökade fabrikens årliga kapacitet från 130 000 ton till 300 000 ton. Man byggde även också en hundra meter lång betongkaj för 7 meters vattendjup, vilket kraftigt förbättrade utlastningsförhållandena." ....

"År 1933 förvärvade *Cementa* det tredje av Gotlands cementbolag, *Aktiebolaget Vallevikens cementfabrik* i Rute. Initiativet till denna fabrik hade tagits av agronom Nils Broander i Visby, som förvärvade de rika kalkfyndigheterna vid Fardume träsk i nordvästra Gotland. Av expertisen fick han besked att cement i stor skala kunde tillverkas vid Valleviken och utskeppas från en hamn, som visserligen måste nyanläggas, men enligt de optimistiska beräkningarna inte skull draga alltför stora kostnader.

År 1916 konstituerades så *Gotländska Cementaktiebolaget Rute* med landshövdingen i Visby, Gustav Roos som ordförande och K.F. Lundin som verkställande direktör. Aktiekapitalet uppgick till en början till 1 miljon kronor, men skulle under omständigheternas tryck snart höjas till 2 miljoner.

En fabrik uppfördes med en automatisk roterrostugn, en schaktugn med roterande rost, levererad av den tyska firman *Curt von Grueber*.

Också hamnen började anläggas. Arbetena kom igång under världs-kriget och visade sig långt mera kostnadskrävande än man räknat med. Dessutom drog leveranserna från Tyskland betydligt ut på tiden. Allt detta ledde till att fabrikationen inte kunde köras igång förrän på våren 1919 under den svåra kristiden.

Styrelsen var ändå full av optimism. Bland annat anställde man en beprövad fackman, Albin Carlsson, tidigare verksam i Westfalen, som platschef i Valleviken. Men arbetena på hamnbassängen och den sex kilometer långa inseglingsrännan fortsatte att sluka oerhört med pengar, och bare ett år efter starten måste bolaget av brist på rörelse-kapital nedlägga driften och gå i konkurs.

Planerna övertogs av nya intressenter. *Aktiebolaget Svenska Lant-männens bank*, som iklätt sig finansieringen av bolaget, ansåg att ce-mentfabrikationen borde fortsätta, och år 1921 utfärdades stiftelse-urkund för *Aktiebolaget Vallevikens Cementfabrik*. En stor post aktier innehades av bergsingenjör Johan Alexander Bonthron, som varit verk-sam vid bruk i Bergslagen och nu blev verkställande direktör i det nya företaget. Till ordförande i styrelsen utsågs friherre Gustaf Djurklou.

I februari 1922 var fabrikationen på nytt igång. Fabriken arbetade efter den torra metoden. Då efterfrågan på cement var god, byggdes anläggningen ut efter hand och försågs med fem schaktugnar, vari-genom kapaciteten utökades från 34 000 till 67 000 ton per år.

Man experimenterade friskt i Valleviken, och bland annat framställde man smältcement i stor skala. Tillverkningen blev dock inte särskilt lönande och mötte hård konkurrens från ett annat företag, som fram-ställde cement med jämförliga egenskaper för billigare pris. Man slog sig också på gasbetong, senare benämnd *Siporex*, och tillverkade dess-utom trottoarplattor, som rönte god avsättning.

År 1930 inträdde *Valleviken* i *Cementa*. Bolaget saknade den ekono-miska ryggrad som krävdes och lyckades aldrig uppnå den önskade stabiliteten. Krisåret 1933 måste bolaget träda i likvidation. Jord-brukarbankens intressen övertogs därmed av *Cementa*. I oktober samma år bildades *Aktiebolaget Ruteverken* som ett av *Cementa* helägt företag och övertog rörelsen.

Tillverkningen av portlandcement nedlades, och denna del av fabriken revs bort. Däremot fortsatte man att framställa smältcement ända till hösten 1939. I Valleviken hade det bildats ett nytt samhälle kring fabriken. Styrelsen önskade att tjänstemän och arbetare skulle skaffa sig egna hem, och tomter hade också avstyckats för detta ändamål. Men planerna var endast till en del förverkligade när nerläggningen skedde.

Ruteverken inriktade sig i fortsättningen på att tillverka gasbetong och trottoarplattor. År 1937 sålde *Cementa* aktierna i *Ruteverken* till *Iföverken*, som hade en delvis likartad produktion. Avsikten var att hålla rörelsen vid liv endast så länge att arbetsstyrkan kunde överföras till fabriken i Slite. Under det andra världskriget visade sig företaget direkt oekonomiskt, och våren 1947 nedlades rörelsen helt.

Nerläggningen i Valleviken var ett fall av naturlig död. Fabrikens maskinella utrustning var sådan att en rationell drift visade sig omöjlig. Läget var också synnerligen ogynnsamt med en lång och grund inseglingsränna, genom vilken all utskeppning måste ske och allt byggnadsmaterial hämtas från Slite. Efter nerläggningen stod några utdömda hus kvar längs den s. k. Röda Raden i Valleviken. Några av bolagets pensionärer fick tillstånd att bo i de tomma husen. De levde under primitiva förhållanden, eftersom den kommunala vattenledningen inte dragits in i husen. Förhållandena i Valleviken föranledde i början av 1960-talet våldsamma angrepp mot Cementbolaget i en roman av Clas Engström och i delar av tidningspressen. Nu har bolaget skänkt de sju husen till Vallevikens kommun, som rustat upp dem med statliga bidrag.

År 1940 skulle cementtillverkningen på Gotland koncentreras till en enda fabrik. Under senare delen av 1930-talet hade Visbyfabriken haft god avsättning på sina varor. Fram till det andra världskrigets utbrott hade man också full sysselsättning, och cementtillverkningen bedrevs till juni månad 1940. Den knappa tillgången på stenkol föranledde då bolaget att nedlägga rörelsen och inför de osäkra framtidsutsikterna börja avveckla verksamheten. Nerläggningen av fabriken vållade bekymmersamma problem för en del av anställda, som byggt egna hem i staden. För att klara deras ekonomiska problem slöt bolaget avtal med dem om ett visst avgångsbidrag. Avvecklingen var ett led i den på-

gående koncentrationen inom cementindustrin för att uppnå mass-
produktion och ökad konkurrenskraft.

Samtidigt utökades Slitefabrikens kapacitet. Den äldsta roterugnen
moderniserades, och en ny roterugn – den tredje i ordningen – med en
längd av 115 meter blev färdig mid krigsutbrottet 1939. Genom de
rationaliseringar som gjorts genom årer ökade produktionen till
300 000 ton cement om året. Under de krigsår som följde kunde man
dock inte utnyttja den fulla kapaciteten."

....

"Den stora expansionen

Vid ett styrelsesammanträde i mars 1950 redogjorde Ernst Wehtje
för cementförbrukningen och fabrikernas tillverkningskapacitet. Han
hade stor anledning att se optimistiskt på utvecklingen. Under de sen-
aste fyrtio åren hade förbrukningen av cement med vissa bakslag visat
en fortlöpande jämn stegring av omkring fem procent per år. Under
den senast tjugoårsperioden hade förbrukningen i runt tal tredubblats
– år 1930 tillverkades omkring ½ miljon ton mot över 1 ½ miljon ton år
1949.

Med tanke på cementbehovet efter kriget och i full överensstäm-
melse med industrins utvecklingskurva hade bolaget vidtagit kraftiga
åtgärder för att öka landets cementtillverkning. Fabriken i Stora Vika
hade kört igång år 1949 med två ugnar med inalles 300 000 ton per år,
och i fabriken i Slite hade en fjärde roterugn startats år 1946 med en
årsproduktion på 150 000 ton.

Allt tydde på att förbrukningen av cement skulle fortsätta att öka
inom landet. Cement är bindemedlet i betong och betong hade blivit
vårt viktigaste byggnadsmaterial. Det var nu på väg att erövra använd-
ningsområden som, som tidigare tillhört trä och tegel. Den statliga
byggnadsregleringen betydde en uppmagasinering av ouppfyllda
byggnadsönskemål, och förväntade stora arbetsområden som vägar
och flygfält, broar och hamnar var betongen det naturliga materialet."

....

"Produktionen av cement fortsatte att öka i stort sett parallellt med
efterfrågan inom Sverige. Exporten minskade kraftigt under 1960-talet

och utgjorde i slutet av detta årtionde knappa en procent av hela försäljningen. Också importen av cement är obetydlig. Konkurrensen från utlandet kan inte påverka cementpriset. Utvecklingen har varit mycket jämn, och en stark utbyggnad av fabrikerna har måst ske. Några siffror belyser det väsande cementbehovet. År 1950 var förbrukningen i Sverige 1,7 miljoner ton. Å 1969 förbrukades mer än den dubbla kvantiteten eller cirka 4 miljoner ton. Ser man på cementförbrukningen var den år 1950 238 kilo och 1969 500 kilo per invånare. Den senare siffran är mycket hög även internationellt sett, och Sverige återfinns sedan många år bland de tre-fyra länder som ligger i toppen av statistiken.

Våren 1956 hade Ernst Wehtje i styrelsen framlagt en ny långtidsplan hur den stigande cementkonsumtionen skulle kunna tillgodoses. Omfattande rationaliseringar och investeringar var nödvändiga, konstaterade han. Enligt planen skulle man fortsätta att koncentrera driften till ett fåtal stora anläggningar, som redan fanns och som successivt skulle byggas ut.

Stora investeringar gjordes i ugnar, grävmaskiner, truckar krossverk, kvarnar, lagerhus och annat. I Slite byggdes en ny roterugn enligt den våta metoden. Den blev färdig 1961, och därmed ökades denna fabriks kapacitet till cirka 500 000 ton per år. Samma år startades också en ny roterugn i Degerhamn enligt torrmetoden, samtidigt som ugnarna från 1908 och 1918 blev utrangerade. Ölandsfabrikens kapacitet steg därmed till 250 000 ton.

Enligt långtidsprognosen, som tekniska avdelningen presenterade år 1961, måste man vart tredje år öka kapaciteten men en ugnsenhet på 250 000 ton, om man bedömde den svenska cementmarknadens expansion till mellan 3 och 4 procent per år. Redan år 1962 måste bolaget fatta beslut om installering av en ny ugn och senast år 1965 om ytterligare en. Fabrikerna i Köping och Stora Vika hade mera begränsade kalkstensfyndigheter och hade därför inte medtagits i utbyggnadsplanerna. Hällekis hade redan en överkapacitet, som inte helt kunde utnyttjas. Valet borde därför stå mellan Limhamn och Slite.

I Limhamn beräknades en ugn på 250 000 ton kosta 60 miljoner kronor, medan en ny ugn i Slite med en kapacitet på 260 000 ton uppskattades till 52 miljoner kronor. Investeringskostnaderna per ton ökad årlig kapacitet utgjorde i Limhamn 304 kronor och i Slite 214 kronor. På förslag av verkställande direktören beslöt styrelsen i september 1962 att anslå 55 miljoner kronor till utbyggnad av fabriken i Slite.

Bolagets anläggningar byggde i allmänhet på våtmetoden, vilken innebär att råmaterialet tillförs ugnen som slam. I Hällekis hade man på 1950-talet infört en form av torrmetod, som visat sig mycket framgångsrik. Fördelen med torrmetoden var att den var bränslebesparande, eftersom man slapp att koka bort en mängd vatten i ugnen. Också fabriken i Slite skulle utbyggas enligt torrmetoden och representerade det allra senaste ledet i utvecklingen. När råmaterialet fördes in i ugnen, var det inte bara torrt utan redan upphettat till 800 grader Celsius. Denna effekt nådde man genom att låta råmjölet före inträdet i den 58 meter långa ugnen passera uppifrån och ner genom ett system av cykloner, varvid råmjölet under passagen förvärmdes av de heta rökgaserna.

Bild av fabriken sedd från köpingen 1964

Den nya ugnsanläggningen i Slite blev färdig i september 1964, och fabrikens kapacitet ökade därigenom till 850 000 ton. Det mäktiga cyklontornet är synligt på långt håll och har givit köpingen en helt ny profil. Tornet är 63 meter högt och har en anslutande ugnshall med särpräglad arkitektur. Också lagerbyggnaden, den s.k. stockpilen, är en imponerande anläggning. Den har plats för 90 000 ton krossad råsten men ligger nere i kalkbrottet och dominerar därför inte bebyggelsen i samhället på samma sätt som det höga tornet. Samtidigt uppfördes tre nya cementsilos om vardera 8 000 ton.

Cementfabriken i Slite 1970. I förgrunden sydöstra hörnet av kalkstensbrottet med lagerhall för den krossade kalkstenen, till vänster den gamla fabriken och till höger den moderna torrmetodsfabriken, som med sina två ugnar producerar nära dubbelt så mycket som de tre ugnarna i den gamla fabriken.

I maj 1965 invigde landshövding Martin Wahlbäck den nya Slitefabriken och fällde många erkännsamma ord om Cementbolagets insatser inom det gotländska näringslivet. Direktör Elam Tunhammar konstaterade i ett anförande att när Cementbolaget år 1931 förvärvade aktiemajoriteten i Slite, var produktionen 120 000 ton om året. Nu hade den sjudubblats. Att den långt drivna automatiseringen imponerade på gästerna, framgick av ett tidningsreferat: "Ett 150-tal personer var med om invigningen och beundrade vid en två timmars visning den nya fabriken, som producerade under sådan automatik, att en enda av gästerna upptäckte en enda arbetare. De andra såg bara ugnar, som roterade, kvarnar, som malde, apparater, som ritade kurvor, motorer, som drev."

Slite var bolagets dittills största investeringsprojekt. Investeringen på 55 miljoner hade gett en kapacitetsökning på 300 000 ton per år. Redan året före invigningen av fabriken – i mars 1964 – fattade styrelsen beslut om en ännu större investering. Då beslöt man att uppföra en ny ugnsenhet i Limhamn för en kostnad av 125 miljoner kronor (i dagens penningvärde c:a 1 miljard). Det kapacitetsöverskott, som tillförts genom utbyggnaderna i Hällekis och Slite, beräknades vara taget helt i anspråk år 1966. Det var inte heller möjligt att märkbart öka fabrikernas produktionsförmåga. Senast år 1967 måste därför den nya ugnen vara produktionsklar.

Anläggningen i Limhamn skulle utbyggas i tre etapper. Man började vid kalkbrottet och gjorde en fullständig omläggning av transporterna mellan brottet och fabriken. I stället för att frakta kalkstenen på järnväg till råverket vid fabriken valde man att flytta detta till kalkstensbrottet. Här kunde man i ett steg med tillämpning av nya och rationella behandlingsmetoder ta hand om den utsprängda kalkstenen och förvandla den till slam. Förbindelselänken mellan brottet och fabriken blev en två kilometer lång tunnel under hela Limhamn. Genom denna tunnel fraktas 900 ton slam i timmen på ett ändlöst band till slambassängerna vid fabriken och därefter raka vägen till ugnarna. Anläggningen är rationell. Slamtransporten fungerarade perfekt. Personalbehovet minskade, och järnvägstransporten av råmaterial från kalkstensbrottet genom Limhamn upphörde helt.

På Limhamnfabrikens område hade sedan fabrikens tillkomst år 1899 legat en ringugn, 14 schaktugnar och 6 roterugnar, som nu alla är borta. Den nya roterugnen – den 11:te i ordningen – är kapabel att producera 500 000 ton per år, och tillsammars med de fyra ugnar, som finns kvar, ökade den årskapaciteten vid Limhamn från 700 000 till 1,2 miljoner ton. Man höll fast vid våtmetoden, eftersom nuvarande råmaterial inte är lämpat för torrmetoden. Hela klinkerbränningsprocessen styrs i fortsättningen automatiskt från en kontrollcentral, där en enda operatör leder övervakningen med hjälp av diverse registrerande instrument och regelbundna rapport från datorn.

I maj 1968 invigdes den nya cementfabriken i Limhamn av finansminister Gunnar Sträng. I sitt hälsningsanförande förklarade direktör Tunhammar att utbyggnaden kan ses som ett uttryck för att *Cementbolaget* med sin stora andel – 80 procent – av hemmamarknaden känner sin förpliktelse att ansvara för att landets cementförsörjning är ordnad. Han erinrade också om att Sverige hade ett cementpris som låg på samma nivå i kronor räknat som i början av 1950-talet. Det är en prisutveckling som har få motsvarigheter påpekade han.

Finansministern prisade *Cementbolagets* pris- och rationaliseringsmedvetna politik och förmåga att därigenom balansera oundvikliga prisstegringar. Och i sitt anförande hyllade han Ernst Wehtje och hans medarbetare för ansvarskännande samhällsinsats.

Långtidsplaneringen måste följas. I maj 1967 redogjorde den tekniske direktören Walter Wredenfors för bolagets utbyggnadsprogram under den närmast femårsperioden. Senast år 1970 måste en ny ugn var produktionsfärdig, menade han. I första hand borde Slitefabriken ytterligare utbyggas. Den nya ugnen skulle få en kapacitet av 450 000 ton. Ett år senare fattade styrelsen beslut om en sådan utbyggnad av Gotlandsfabriken och anslog härför cirka 55 miljoner." ....

"*Skånska Cement AB* köpte efterhand upp de övriga deltagarna i *Cementa* och processen avslutades 1966 med övertagandet av *Ölands Cement AB*. Cementindustrin var fördelad på två företag 1967, *Skånska Cement* med sex fabriker som innehade cirka 80 procent av tillverkningen och *AB Gullhögen*. *Cementa* hade då blivit ett helägt dotterbolag till *Skånska Cement*, 1969 bytte moderbolaget namn till *AB Cementa*. 1972 bytte *Cementa* namn till *Euroc* för att kunna möta en internationell handel eftersom byggkrisen satt sina spår på den inhemska marknaden. 1973 övertog *Euroc Gullhögen* och cementmonopolet var etablerat i Sverige. Statens andel i koncernens cementproducerande dotterbolag Cementa blev 5 procent. Två statligt tillsatta styrelseledamöter skulle garantera insyn i företaget."

Här slutar Utdrag ur boken *Cementa 100 år* och i nästa kapitel börjar en redogörelse av min egen insats som tredje generationen de Jounge i cementindustrin.

Den tredje generationen de Jounge

Det är med viss stolthet som jag inser att jag är tredje generationen de Jounge som arbetat inom cementindustrin. När min far, Arendt de Jounge skulle gå i pension 1965 tillfrågades jag av dåvarande *Skånska Cement* chefen, Elam Tunhammar om jag ville bli driftschef vid Slite-fabriken när min far skulle gå i pension. Den dåvarande drifts-chefen, Karl-Erik Eriksson, skulle bli platschef vid cementfabriken i Stora Vika. Jag tackade ja, och fick under 1965 genomgå träning ge-nom att först tillbringa några månader vid cementfabriken i Pargas, Finland, och sedan 10 månader vid *Dyckerhoff Zementwerke* i Lengerich, Tyskland.

Min hustru Estelle, jag och två barn flyttade till Slite 1966 och stan-nade där i fem år. Vi hade en härlig tid. Min far, som varit verkställ-ande direktör och platschef sedan 1932, var mycket respekterad, och det gjorde det lätt för mig att tackla mitt nya jobb. Vi fick två barn un-der dessa år och i mina föräldrars fotspår hade vi ett rikt socialt liv. Vår bostad var ett stort, vackert och nyrenoverat hus vid hamnen mitt i köpingen. Det har senare rivits och ersatts med för hamnens del mer lämpliga lokaler.

När man bor på en mindre plats långt från allfarvägen blir man enga-gerad på många oliks sätt. Min far blev, bland mycket annat. vald till riksdagsman för högern och mitt namn var på högerns valsedel. Jag var engagerad av flera föreningar, och det som stod mitt hjärta nära var först sekreterarjobbet och sedan ordförandeskapet i Slite båtklubb. Jag är fortfarande stolt över att jag lyckades få 10 lokala handlare och in-dustriföretag att donera lika många optimistjollar, vilket innebar star-ten av båtklubbens seglarskola. Den är fortfarande aktiv. *(www.slitebatklubb.se)*

En tidigare driftschef i Slite, Gunnar Laurell, hade blivit teknisk direk-tör vid huvudkontoret i Malmö, och han föreslog efter de fem åren att jag skulle flytta till Malmö för att på den tekniska avdelningen arbeta med en produktionsutredning gällande den svenska cementindustrin. Jag tackade ja, Estelle, jag och nu fyra barn flyttade till Malmö 1971.

29

När jag nu 45 år efter det jag lämnade uppgiften med utredningen är jag imponerad. Vad jag minns har jag aldrig tidigare tagit tid att studera vad jag nu har hittat i mina gömmor i sommarhuset i Torekov. En 160 sidor tjock lunta med titeln PRODUKTIONSUTREDNINGEN 1971, vilken jag själv, som sammanhållande, tydligen hade haft stor del i att sätta samman.

Den tekniske direktören Gunnar Laurell skriver i inledningen:

"En modernisering av AB Cementas produktionsanläggningar för cement är motiverad av i huvudsak tre syften, nämligen att uppnå:

1. Begränsning av pågående stark stegring av tillverknings-kostnaderna.
2. Förutsättningar för en bättre anpassad, högre och jämnare kvalitet.
3. Förbättrad arbetsmiljö och effektivare miljöskydd."

Och under rubriken *Målsättning*:

"Produktionsutredningen 1971 har till målsättning att förutsättnings-löst pröva vilka alternativa utbyggnader respektive nedläggningar av koncernens produktionsenheter för cement, som kan komma ifråga samt att analysera lönsamheten av eventuella åtgärder.

Utredningen är inriktad på att vara klar under våren 1972 och skall då kunna ge underlag för beslut. För att redan under 1971 få en uppfattning om tendenser och ungefärliga investeringsbehovet samt för att bättre kunna styra det fortsatta utredningsarbetet har denna sammanställning av hittills framtaget material utförts. Avsikten är inte att redovisa något visst förslag, utan materialet skall tjänstgöra som underlag för diskussion."

Följande förteckning över i utredningsarbetet engagerade personer, företag, etc., var sammanställd av mig som sammanhållande.

I UTREDNINGEN ENGAGERADE PERSONER, FÖRETAG, ETC

Projektledning	Referensgrupp	Walter Wredenfors
		Gunnar Chr Laurell
		K G Fredenberg
	Sammanhållande	Dick de Jounge
Förvaltningarna	Degerhamn	Lage Themner
		Bertil Johansson
	Hällekis	Olof Rosenqvist
		Gösta Björk
		Stig Sjöholm
	Köping	Per Sylvan
		Orvar Tobiason
		Bengt Andersson
	Limhamn	Ragnar Troell
		Sven Hollmén
	Slite	Yngve Barkell
		Magnus Helmer
		Vilhelm Stare
		Bengt Rooth
	Stora Vika	Karl-Erik Eriksson
		Sture Engdahl
		Henry Östensson
		Bengt Persson
PROJEKTARBET	Degerhamn	Dick de Jounge
		Birger Dahl
	Hellekis	K G Fredenberg
		Ture Andersson
	Köping	Ture Overton
	Limhamn	K G Fredenberg
		Ture Andersson
	Slite	Dick de Jounge
		Birger Dahl
	Stora Vika	K G Fredenberg
		Axel Andersson

Marknadsfrågor   Hans Rüter
                                        B O Bährner
                                        Rudolf Bernhoff

Fartygstransport   Ivar Bodegård
                                        Lars-Gunnar Lindström

Material och kvalitetsfrågor   Erik Högberg
                                        Åke Erikson

Databehandling   Dick de Jounge
                                        Bengt Cornér
                                        Pär Andersson
                                        Bo Åkesson

Driftsfrågor   Robert Naredi
Elfrågor   Christian Frog
Konsulter   Bergteknik   Ingvar Janelid
                    Miljövård   Carl Olof Elvingsson, ITK
                    VVS   Stig Holst, VVS-Teknik
                    Alkaliproblem   Dr Sprung, VDZ, Tyskland
                    Kartor och planer   Fru Sonja Persson, Malmö

Leverantörer   Buckau Wolf (BW)
                    F L Schmidt & Co A/S (FLS)
                    Klöckner-Humboldt-Deutz AG (KHD)
                    Morgårdshammar (MH)
                    Nordströms Linbanor (NL)
                    Polig-Heckel-Bleichert (PHB)
                    Polysius (P)
                    Svedala Arbrå (SA)
                    Svenska Fläktfabriken (SF)
                    Wedag (W)
                    m fl

32

Målsättningen att utredningen skulle vara klar våren 1972 visade sig vara mycket optimistisk. Förmodligen på grund av att förutsättningarna förändrades bl. a. genom samgåendet med *Gullhögen* och oljekrisen 1973. Utredningen bytte namn till STRUKTURUTREDNINGEN och blev klar hösten 1974.

Som framgår av deltagarförteckningen var utredningen mycket omfattande. Själv fick jag med några kolleger göra studieresor i USA, Tyskland och Grekland.

I USA reste jag med två kolleger, Birger Dahl och Sten-Inge Hansson. Resan hade förlagts i anslutning till den konferens som anordnas årligen av I.E.E.E. (The Institute of Electrical and Electronics Engineers) och vid vilken tidigare år vid några tillfällen representanter från *AB Cementa* deltagit.

Vi reste med flyg från kust till kust och från norr till söder och besökte 10 cementfabriker

Resorna till Tyskland och Grekland gjordes i sällskap med överingenjören K.G. Fredenberg från Tekniska Avdelningen och konsulten Carl-Olof Elvingsson från företaget ITK, Stockholm.

I Tyskland besöktes tre fabriker och i Grekland en. Det gavs även tillfälle för lite "sight-seeing".

K.G. Fredenberg vid Akropolis

Oljekrisen 1973 var en period under 1970-talet då priserna på olja gick upp drastiskt. Detta föregicks av Oktoberkriget 1973 mellan å ena sidan Egypten och Syrien och å andra sidan Israel. OPEC-länderna vägrade att exportera olja till stater som hjälpt Israel i Oktoberkriget. Energin skulle sparas, och man började debattera alternativa energikällor. Den ekonomiska följden av oljekrisen blev att den mer eller mindre permanenta högkonjunktur som pågått i västvärlden sedan andra världskrigets slut dalade ner i en lågkonjunktur som kom att pågå några år in på 1980-talet.

Oljekrisen blev en avgörande faktor. Cementproduktion kunde ske efter två olika metoder: våt- eller torrmetod. I våtmetoden maldes råmaterialet i kvarnar tillsammans med vatten till slam. Med torrmetoden maldes råmaterialet torrt till pulver. Den stora skillnaden var energiförbrukningen för att bränna bort vattnet. Limhamnsfabriken var hänvisad till våtmetoden på grund av närvaro av flinta i råmaterialet.

I korthet kan utredningsresultatet sammanfattas till att fabrikerna i Hällekis, Köping och Limhamn skulle läggas ned, Slitefabriken skulle byggas ut, och så blev det.

Två år senare informerade ledningen följande:

"Cementa har definitivt beslutat att bygga ut cementfabriken i Slite på Gotland för 600 Mkr till en av världens modernaste och mest energisnåla cementanläggningar. Den nya ugnslinjen kommer att kunna producera 1,4 milj årston. I investeringen ingår också ett specialfartyg för transport av cement till Limhamn och Köping där nya mottagningsanläggningar uppförs".

Här avslutas den tredje generationen de Jounges medverkan inom cementindustrin. Mina fortsatta öden och äventyr inom Euroc-koncernen framgår av kapitlet För lång och trogen tjänst inom Euroc.

Kalkindustrin på Gotland

Korta utdrag ur boken

OM KALKINDUSTRIN PÅ GOTLAND"

Henr. Munthe, L. Way-Matthiesen och Hans Hansson (1944)

Särtryck utgivet av Slite Cement och Kalk AB

"Medan det är bekant att huggning och skulptering av kalksten försigkommit på ön redan under 400 – 500 talen e. Kr., i det att de äldsta bland dess många, ofta ståtliga bildstenar då tillkommo, har tillverkning av bränd kalk icke förekommit så tidigt, detta att döma därav, att öns gamla "kämpgravar" och borgar är uppbyggda av kall-murar, d. v. s. utan murbruk, vars tillverkning förutsätter bränd kalk.

Först vid tiden för de äldsta gotländska stenkyrkorna och kastalernas tillkomst, d. v. s. under 1000 – 1100-talen, då även "Kruttornet" i Visby samt en del profana hus där och å landsbygden uppfördes, har man anledning antaga, att bränd kalk användes till murbruk, varmed bygg-nadsstenen sammanfogades." ....

"Kalkbränningen på Gotland har under långliga tider spelat en viktig roll i öns ekonomiska liv, men är i våra dagar inskränkt till en obetyd-lighet. Enär denna för öns befolkning fordom betydelsefulla industri icke hade blivit föremål för en mera ingående utredning, men var för-tjänt av sådan, framhöll jag i ett arbete 1913, "att det var på hög tid, att en ingående undersökning rörande äldre tiders kalkbränning ur kulturgeografiska synpunkter blir utförd, enär man eljest riskerar att

Fotnot:
"Kalk erhålles genom stark upphettning av kolsyrad kalk ($CaOCO_2$), bland annat kalksten, varvid kolsyran (CO_2) utdrives och kalciumoxid (CaO) återstår i form av osläckt kalk eller oläskad kalk, även benämnd "packsten", emedan den vanligtvis packas i tunnor vid transport. Vid begjutning med vatten (H_2O) övergår packstenen under stark värmeutveckling och volymökning till kalk-hydrat ($Ca(OH))_2$ = släckt kalk, ett pulver som av den jämförelsevis rena got-landskalken blir rent vitt."

de personer, som ännu kunna lämna värdefulla upplysningar om den fordom för allmogen så viktiga kalkindustrin, skatta åt förgängelsen".

"Omkring början av 1200-talet kom murbruk till användning vid uppförandet av den äldsta delen av Visby ringmur. Ingen fullt säker uppgift synes emellertid föreligga om de kalkugnar, i vilka i vilka bränning försiggick under dessa gamla tider," ....

"Den såvitt jag kunnat finna äldsta uppgiften om export av bränd kalk från Gotland till utlandet är av betydligt senare datum, eller från år 1460." ....

"En något närmare inblick i den gotländska kalkbränningen och de många olika förhållanden, som anknyta härtill, erhålles genom *Carl von Linnés* (1707 – 1778) i nedan meddelade skildringar ur hans *Öländska och Gothländska resa 1741.*

I denna Linnés skildring föreligger, såvitt bekant, den äldsta lämnade beskrivningen på och avbildningen av en gotländsk kalkugn, närmare uppgifter om kalkbränningen o. s. v.

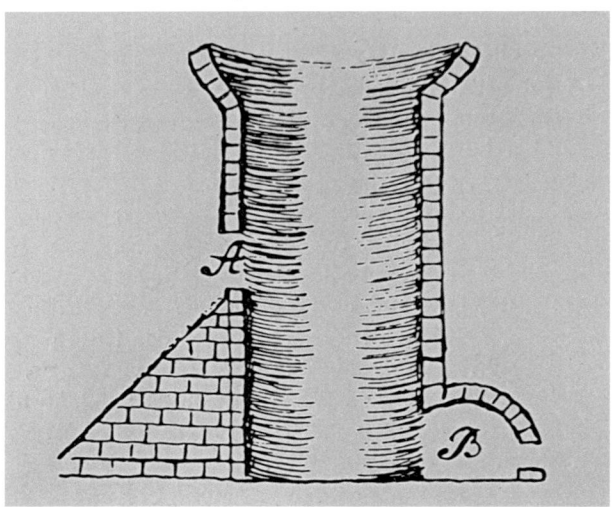

Linnés schematiska profil av kalkugn vid Kappelshamn.
A intag för kalkstenen   B ugnsmunnen (1745)

Framställningen avser främst en kalkugn vid Kappelshamn, sannolikt den längre fram omtalade Flenvikersugnen, och lyder som följer: "Denna *Capelshamn* ör ett Kalkbruk, som har sin Kalkugn vid wästra sidan, jämte Stranden av Hamnen. Kalkugnen var byggd nästan som en Masugn till 4 famnars höjd, 2 ½ famns bredd. Stenarna, af hwilka denna Ugn var bygd, *renoverades* på inre sidan allenast." "Genom A", (se figuren) "föres obrända Kalkstenen upp i ugnen, och uti den lilla Ugnen B eldas och inlägges Weden, med whilken Kalken skall brännas; då A täppes igen under sielfwa bränningen, som påstår 2 dygn, då 50 till 70 Läster brännas." (En gammal läst bränd osläckt kalk = 12 kalk-tunnor.) " Den brända Kalken föres sedermera neder uti et Hus vid Stranden, där den släckes och kringröres, under hwilken tid luften i Huset är fullare med kringflygande Kalkpartiklar, än någon Qwarn med Miöldofft, hwilket här lägger sig på Arbetsfolkets Läppar, at de däraf äro utslagne och Hudlöse. Tracten omkring Kalkugnen låg betäkt med fördärfwad Kalksten och Wed, Husen och Kalk-ugnsägarnas klädedräkt och upförande gjorde, at det mycket liknade orter, Bruks-*Patroner* ägde sina hyttor."

Efter denna dramatiska ögonvittnesskildring redogöres i boken för ett flertal beskrivningar av den gotländska kalkbränningsindustrins utveckling. Här skall endast anges några korta utdrag.

"Kalkbränningen på Gotland torde, såsom förut antytts, ha vidtagit under 1100-talet eller tidigare. Under de närmast följande århundra-dena kan den antagas ha varit tämligen obetydlig. Den äldsta upp-giften om export av kalk dateras till år 1460, och den äldsta säkert lokaliserade och daterade kalkugnen är den vid S:t Olofsholm anlagda. Det är icke känt, när privilegium för byggandet av kalkugnar tillkom, men däremot, att sådant år 1634 erhölls för anläggandet av en ny ugn vid S:t Olofsholm. Det föreligger en uppgift om att antalet ugnar å ön vid mitten av 1600-talet skall ha uppgått till endast 3 stycken." ....

"För senare delen av 1600-talet anför Steffen 30 ugnar, de flesta belägna i kusttrakterna inom norra tredjedelen av ön."

"Säve uppgiver antalet ugnar under början av 1700-talet till 23, men endast inom Gotlands norra härad. Denna siffra förefaller väl låg eller förutsätter, att några av de ovan anförda ugnarna då varit nedlagda."

"1733 har man att räkna med 54 ugnar i bruk, alltså en rätt säker utgångssiffra för beräkning av antalet ugnar under tiden till 1847."

"Enligt Gotlands Hushållningssällskaps berättelse för 1828 - 1832 funnos då 39 privilegierade, d. v. s. större ugnar."

"Efter 1847 vidtar efter hand en påfallande ökning i antalet ugnar dels vid och i närheten av de viktigaste hamnarna och dels inne på ön, i det förra fallet mestadels större ugnar för export, i det senare i huvudsak mindre ugnar sådana för lokala behov."

"Några bland de mellan 1847 och 1885 nytillkomna större ugnarna byggdes för *eldning med kol,* och den första ugnen av detta slag var säkerligen den SV om Kopparsvik (Visby n:r 10), vilken anlades år 1851 av den från England inflyttade George Fredrik Thomson, sedermera handlande i Burgsvik. Det torde varit han som införde "kolmetoden" till Gotland.

"Till de c:a 35 större ugnar, vilka tillkommo under perioden 1847 – 1885, äro att lägga c:a 32 äldre sådana, vilka voro i bruk även efter 1847, vadan hela antalet sådana ugnar uppgick till c:a 67 under delar av perioden 1847-1885. Under loppet av densamma nedlades emellertid c:a 45 av dem, varför antalet större ugnar i bruk 1885 uppgått till c:a 22, möjligen dock ytterligare några."
"

Jag avslutar citaten från kapitlet *ÖVERSIKT ÖVER KALKINDUSTRINS UTVECKLING PÅ GOTLAND* med följande citat:
"Kalkbränningen, som under långliga tider varit en ur ekonomisk och social synpunkt betydande industri på Gotland, kan alltså sägas numera ha när nog spelat ut sin roll och torde, så vitt man kan se, icke komma att ånyo uppblomstra därstädes."
Detta skrevs 1944.

I kapitlet UGNAR MED DÄRTILL KNUTNA PERSONHISTORISKA OCH KRONOLOGISKA DATA redogöres för en mängd kalkbruksidkare. Här kommer endast att återges vad som står skrivet om Länna Gård i Slite.

"Slite n:r 1 (NO om Länna) anlades år 1647 av rådmannen Marcus Schröder och hans måg Hindrich Falk. Möjligen ungefär samtidigt anlades n:r 2 (Ö om Länna), ovisst av vem. Den omtalas senare som "den södra" ugnen vid Länna. Troligen har de varit i bruk samtidigt.

1658 anlade Johan Schröder, Marcus son, ugn N:r 4 i den sydöstra delen av de då s.k. "Slite backa", nuvarande Lotsbacken. N:r 5 byggdes 1660 av vice guvernören Per Fleming för Kronans räkning å norra delen av Lotsbacken, och 1703 anlade Johan Schröder och överinspektören Peter von Lingen en ny ugn, n:r 7, i närheten av de föregående. N:r 1 benämnes sålunda "Länna norra", n:r 2(-3) "Länna södra", n:r 4 "Slite Lillugn", n:r 5 "Kronugnen" och n:r 7 "Slite Storugn", även kallad "Hagmans ugn" efter köpmannen Lars Hagman, som senare ägde densamma.

1662 slog sig Mårten Fries, sedermera tingscomare m. m., ned på sin hustrus, Margareta Schröder, ärvda egendom Österbys med Länna kalkbruk, och 1670 köpte han av svågern Johan Marcusson Schröder dennes gårdar med kalkugnar. Han blev därigenom, säger Steffen, ägare av området "från Sju strömmar i söder och därifrån norr ut nästan efter hela västra stranden av Vägomeviken". Han var vidare, såsom förut delvis nämnts, ägare av, resp. delägare i några andra av Gotlands kalkugnar (S:t Olofsholm, Skär, Hlde, Lergrav och Valleviken). "Kalken fraktade han på egna fartyg". Året efter Mårten Fries' död (1695) ägde hans son Marcus den ena av kalkugnarna vid Länna och Paul den andra samt den av morbrodern Johan Schröder ägda ugnen å Lotsbacken. Paul löste med tiden ut Marcus och "behärskade sedan hela kalkugnsdriften vid Slite". Beträffande Kronugnen (N:r 5) utarrenderades den mestadels, bl. a. 1699 till auditören Johan von Lingen, sedan till dennes broder den ovan nämnde Peter von Lingen, och till sist till släkten Fries. 1724 berättigades Paul Fries och hans måg Fredrik Sturzenbecker inlösa Kronans fastighet. Den förre var gift med Elisabeth Ihre, dotter till Nils Ihre, den senare med Margareta Fries. Paul Fries' dotter.

Fredrik Sturzenbecker dog 1736 och Paul Fries 1737, varefter deras änkor en tid styrde brukssamhället. Efter handlanden Jöns Kahl blevo tre av Sturzenbeckers söner kalkbruksägare vid Slite, nämligen Paul Fredrik, kapten, samt Henrik och Patrik. Henriks dotter Greta Barbara, som blev gift med köpmannen och kalkbruksägaren vid Länna Lars Niclas Enequist, fortsatte efter mannens död (1808) enligt *Nyberg* "med energi dennes rörelse". Lars' broder, köpmannen Johannes Enequist, ägde sedan Länna gård med kalkugnar. Länna köptes av hans brorson Niclas Enequist, som enligt Steffen blev ägare till 3/8 hemman Österbys, 1/16 hemman Närs, hela Länna södra och halva Länna norra kalkbruk, 1/8 Slite Storugn och 1/8 Slite Lillugn samt dessutom 1/5 Samne kalkugn på File grund, denna sistnämnda n:r 6 i Othem. Den näst största delägaren i Länna-domänen var efter kalkbruksägaren där Carl Niclas Fåhræus' död (1816) hans hustru Margareta Catharina f. Sturzenbecker, dotter till Henrik Sturzenbecker. Hon ägde förutom 1/8 hemman Närs och 1/8 hemman File, "halva Lenna norra kalkbruk, ¼ Slite Storugn, ¼ Slite Lillugn och 1/5 Samne". Slite Lillugn skall en tid ha ägts av konsul Jacob Nicklas Kinberg i Visby och Slite Storugn av köpmännen Lars Kinberg och Lars Hagman. Den förut nämnda "Samsugn" n:r 6, finnes inlagd å kartor från slutet av 1600-talet och skall, förutom av de påpekade ägarna, ha bl. a. 1733 innehafts av en Grönhagen och längt senare sannolikt av bl.a. lantbrukaren Carl Henrik Nyström vid Klints.

Länna på Slite under Patrik Enequists tid (1860-talet) med schaktug-
nen. Othems s:n n:r 10, till höger. Nedriven. (Efter foto 1865, Slite var
en del av Othems socken)

Efter Niclas Enequists död (1848) anlade å Länna gård sonen köp-
mannen Patrik Georg 1859 kolugnen n:r 10, vilken ugn omkring 1870
köptes av grosshandlaren Johan Axel Bachér å Länna, som av material
från densamma byggde vedugnen n:r 12 Ö om Länna.
(Se bild sidan 11)

Denna ugn förvärvades sedan (1880 ?) av köpmannen och skeppsre-
daren Jonas Henrik Ferdinand Nyström å Slite, som 1917 sålde den till
Slite Cement & Kalk AB, varefter den nedlades 1932.

Härmed är den under nära 300 år pågående, långa tider mycket
betydande kalkindustrin vid Slite till ända. Slite tjänade givetvis såsom
exporthamn för andra kalkugnar i Othem än de nämnda."

Kalksten, kalk och tegel

"Kalksten är den viktigaste råvaran för tillverkning av cement. Fabrikerna är därför i regel belägna invid kalkstensfyndigheterna. Eftersom kalksten användes även för andra ändamål, t.ex. slaggbildare i masugnar och i sulfitmassefabrikernas syratorn, och kan malas till kalkstensmjöl och slutligen brännas till kalk, har kalksten och kalk blivit viktiga biprodukter inom cementindustrin." -----

"Kalksten från Limhamn och Faxe skeppades vida ikring: till cellulosafabriker i Mellansverige och Norrland, till järnverk, gjuterier och sockerfabriker. Ansenliga mängder gick också på export till Tyskland.

Snart nog fick man känning av konkurrens från Gotland, där brytning av kalksten påbörjats redan före sekelskiftet i flera kalkstensbrott. Sin vana trogen lyckades Berg år 1901 ena även dessa stridiga intressen. Man bildade då *"Gotlands Förenade Kalkbrotts Försäljningsaktiebolag"*, i vilket förutom gotlänningarna även ingick *Karta & Oaxens kalkbruk* i Stockholm. Sistnämnda bolag hade på 1890-talet förvärvat *Bläse Kalkbruk* och *Storugns kalkstensbrott* vid Kappelshamnsviken på Gotland." ---

"Bolaget var också involverat i affärer på Gotland då det 1901 inköpte ett kalkberg, Länna, invid Slite. Detta köp gav R.F. Berg*) möjlighet att ta initiativ till en överenskommelse mellan de olika kalkbrotten på Gotland, och ledde till att Gotlands Förenade Kalkbrotts försäljnings-aktiebolag bildades för att hantera kalkbrottens försäljning. Bolaget kom 1907 att ombildas till AB Gotlands Kalkverk, med Karta & Oaxens Kalkbruk, Faxe kalkbrud och Förenade Kalkbrotten som intressenter. 1916 köpte cementbolaget de danska intressenternas aktiepost och blev ensam ägare. I samband härmed avvecklades Gotlands-Förenade Kalkbrott AB och trädde i likvidation 1920."

*) R.F.Berg (1846–1907) blev 1873 disponent för Skånska Cement AB i Malmö. Berg hade mycket stor betydelse för den svenska cementindustrins utveckling. 1887 grundades dotterbolaget AB Skånska Cementgjuteriet, som senare blev Skanska.

"Under det första världskriget ändrades ägarförhållandena i de gotländska kalkstensbrotten. *Karta & Oaxen*, som under kriget övertagit förvaltningen av Kalkverket, förvärvades år 1916 av *Johnson-koncernen*, och gruppen *Faxe-Limhamn* sålde då sina aktier till denna koncern. Krigets följder var besvärliga, och år 1921 gjorde sig *Johnson-koncernen* kvitt sitt nya intresse. *Skånska Cementaktiebolaget* köpte då aktierna i *Karta & Oaxen*, och med det köpet följde också aktierna i Kalkverket. Hälften av dess senare aktier övertogs av *Faxe Kalkbruk*. Därmed var läget återfört till vad som gällde innan *Johnson-koncernen* kom in i bilden – dock med den väsentliga ändringen att *Cement-bolaget* nu också ägde *Karta & Oaxen*.

Den som förmedlade denna transaktion var dåvarande direktören i *Karta & Oaxen*, Allon de Jounge. Han bibehöll denna befattning men blev också verkställande direktör i *Kalkverket*. Hans företrädare i *Karta & Oaxen,* den initiativrike Axel Åkerman, hade börjat anskaffa öster-sjögående pråmar för att forsla kalksten från Gotland till fastlandet. De Jounge ägnade mycken tid åt denna pråmtrafik, som bidrog till att stärka koncernens ställning på marknaden. Detta var dock nödvändigt eftersom efterkrigsåren var bekymmersamma. *Svenska Sockerfabriks Aktiebolaget*, som tidigare köpt kalksten på marknaden, förvärvade *Bungenäs* och snart också *Smöjens kalkstensbrott*. *Fosfatbolaget*, som behövde kalksten till sin karbidfabrik, övertog *Furillen*. Därmed hade de två största kalkstensavnämarna icke blott gjort sig oberoende utan kunde även – i den mån deras produktion av kalksten översteg den egna förbrukningen – bjuda ut den på marknaden.

Det lyckades att efter någon tid träffa en uppgörelse med *Socker-bolaget* om en kvotering av marknaden. Därmed lade man grunden till ett samarbete, som senare blev ytterligare fördjupat. Allon de Jounge avgick år 1926 och efterträddes av Axel Norman med Hans Edgardh vid sin sida som särskild disponent vid *Kalkverket*. Mot slutet av 1920-talet förbättrades konjunkturerna och leveranserna ökade. År 1927 var ett märkesår för *Kalkverket*, som då för första gången lämnade utdelning till sina i det avseendet icke bortskämda aktieägare. Brytningen hade nu koncentrerats till brotten i Storugns och St. Olofsholm, medan *Karta & Oaxen* alltjämt bröt i Bläse.

År 1930 började krisen i Amerika sprica sig till Europa. Efterfrågan från Tyskland på osorterad kalksten, s.k. skärv, upphörde, och leveranserna till cellulosaindustrin sjönk. Inte nog härmed. Samtidigt skärptes konkurrensen. *Strå Kalkbruk* öppnade ett brott vid Fårösund, och även från det närbelägna Ahrs bruk började man skeppa kalksten.

Kalkverket lyckades träffa avtal med *Fosfatbolaget* att driften vid *Furillen* skulle läggas ner mot att övriga producenter åtog sig att försörja bolaget med sten. Det skedde visserligen till låga priser, men driften kunde hållas igång vid de övriga brotten. Därtill kom att *Fælles-agenturets* intresse av att sälja kalksten från Faxe och Limhamn inte längre var så stort, eftersom stenen behövdes för den egna tillverkningen av cement och kalk.

Mot slutet av 1930-talet ökade åter leveranserna och exporten kom på nytt på gång. Det andra världskriget bröt den lovande utvecklingen. Den tekniska ledningen av kalkstensbrytningen vid koncernens alla brott överläts på Arendt de Jounge, chefen för bolagets cementfabrik i Slite. Försäljningen och pråmrörelsen kvarblev hos *Karta & Oaxen*.

Efter världskrigets slut dröjde det innan exporten till Tyskland kom i gång, men i gengäld ökade efterfrågan från kunder på vad som gotlänningarna kallar "fastlandet".

Den nye verkställande direktören i *Karta & Oaxen*, Albert Rothstein, som år 1945 efterträdde Norman, hade svårt att tillfredsställa kunderna. Det rådde brist på arbetare, och sådana behövdes så som driften vid kalkstensbrotten då ännu var organiserad.

Brytningen hade visserligen moderniserats. Man borrade i berget med maskin, laddade borrhålen med dynamit, och sköt ner en bit av bergväggen, den s.k. pallen. "Skuten" slogs dock sönder för hand till önskad storlek och lastades också omsorgsfult för hand på flaken av låga järnvägsvagnar. All sten som var för liten lämnades kvar i botten som skärv. Stickspår ledde solfjäderformigt in mot brytningsfronten från ett huvudspår, på vilket på vilket vagnarna med lok kördes ner till hamnen. Stickspåren förlängdes alltefter som brytningen fortskred, men när de blev alltför långa, fick huvudspåret flyttas.

Det stod klart att driften måste moderniseras inte bara med hänsyn till arbetskraftsbehovet utan också därför att kunderna skärpte kraven på kalkstenens sortering. Det dög inte längre att leverera sten av "hästhuvuds" storlek till sulfitfabrikerna eller av "barnhuvuds" storlek till dem som skulle bränna kalk. Det började också ställas krav på skärven.

Mot slutet av 1940-talet började *Fosfatbolaget* och *Bungenäsbolaget,* som *Sockerbolagets* företag kallades, bygga moderna kross- och sorteringsverk. Dessa företag behövde välsorterad sten för sin egen fabrikation. Lönsamheten var skral, och *Skånska Cementaktiebolaget* tvekade innan man på Rothsteins och de Jounges förslag beslöt bevilja medel för att mekanisera driften. År 1953 togs ett modernt kross- och sorterverk i drift i Storugns. Dit koncentrerades efterhand koncernens kalkstensbrytning.

De år, som övergången från handslagning till mekanisk sortering varade, kännetecknades av knapphet på sorterad kalksten. Detta gjorde att leveransmöjligheterna under en säsong långt i förväg måste dryftas mellan de gotländska leverantörerna och de större kunderna. Därvid diskuterades även sjötransporterna, och därmed kom *Transportbolagets* och *Karta & Oaxens* pråmrederier in i bilden. Det var många och stridiga intressen som skulle enas och förhandlingarna vare ofta segslitna. *Oaxens* Östersjötonnage, som mot slutet av 1950-talet dukade under för de moderna kustfartygen, bör i detta sammanhang ägnas en tacksamhetens tanke. Utan dessa pråmar hade bolaget haft ännu svårare att hävda sig.

Redan i början av 1950-talet hade man dryftat möjligheterna att finna en mera rationell form för samarbete mellan de gotländska kalkstensleverantörerna. Det rådslogs om ett gemensamt försäljningsbolag men även om en sammanslagning av driften. *Bungenäsbolaget* hade stärkt sin ställning genom att mekanisera båda sina brott. Efter många och långa förhandlingar träffades vid årsskiftet 1954-1955 ett avtal mellan *Skånska Cementaktiebolaget* och *Sockerbolaget* om bildandet av ett gemensamt bolag – *"Aktiebolaget Gotlands Förenade Kalkbrott"* – i vilket *Cement-* och *Sockerbolaget* tecknade vardera hälften av aktierna.

Det nya bolaget övertog de båda gruppernas fyndigheter, anläggningar och hamnar i Storugns, Bläse, Bungenäs och Smöjen. Därmed upphörde den verksamhet som *Karta & Oaxen* och *Gotlands Kalkverk* under så många år bedrivit på Gotland, även om de båda bolagen som aktieägare alltjämt är med i bilden.

Gotlands Förenade Kalkbrott fick en flygande start med sina mekaniserade anläggningar i Storugns, Bungenäs och Smöjen, samt med den samlade erfarenhet som stod till buds. Marknadens behov av kalksten kunde nu väl tillgodoses.

Ett syfte med sammanslagningen var att ytterligare rationalisera driften. Denna har nu helt koncentrerats till Storugns. Här har man uppfört en ny stor kross- och sorteringsanläggning samt byggt en ny hamn som kan ta emot fartyg med upp till nio meters djupgående. Kalksten kan numera levereras i en rad noggrant sorterade fraktioner. De lagras i imponerande upplag innanför hamnen. Utlastningen från upplagen sker på bandtransportörer med en kapacitet som snart uppgår till 1 000 ton per timme. Skeppningarna är uppe i över en miljon ton om året. Hälften av all kalksten går på export."

Här slutar kapitlet om *Kalksten, kalk och tegel* i boken Cement i 100 år, vilken skrevs 1972.

I början av 1980-talet bildades ett "joint-venture" mellan *Euroc Mineral* och det finska företaget *Partek*. Bolagiseringen av kalkverksamheten genomfördes i augusti 1991 då *Nordkalk Oy Ab* grundades. I augusti 2010 köpte *Rettig Group* hela aktiestocken i *Nordkalk*, vilket därmed blev ett helägt dotterföretag i om *Rettig-koncernen*.

Bolaget har tillverkning av kalkstenbaserade produkter och verksamhet i nio länder på över trettio orter. *Nordkalks* produkter används bland annat inom pappers-, stål- och byggmaterialindustrin samt för miljövård och lantbruk.

Under sommaren 2012 fick företaget stor medial uppmärksamhet efter att ha sökt tillstånd för att öppna en ny kalktäkt i Bunge på norra Gotland. Den nya kalktäkten skulle ligga mitt i ett område, som under stridens gång föreslogs att bli nationalpark (Ojnareskogen och Bästeträsk), och det fanns även frågetecken om hur hydrologin på norra Gotland skulle påverkas. Förslaget mötte stor kritik från miljö- och naturskyddsorganisationer, en stor del av lokalbefolkningen, samt från

Naturvårdsverket, bland annat genom demonstrationer, aktioner och namninsamlingar. På grund av att det var ett komplicerat fall blev det flera turer i mark- och miljödomstolarna. 31 augusti 2015 beslutade regeringen att området skulle bli ett Natura 2000-område. Högsta förvaltningsdomstolen beslutade i oktober 2016 att regeringens beslut inte skulle träda ikraft förrän rättsprocessen var avslutad. 2017 meddelade dock Högsta förvaltningsdomstolen att regeringens beslut att utvidga *Natura 2000*-området att innefatta Ojnareskogen var riktigt. I september 2018 meddelade *Mark- och miljööverdomstolen* att den inte ger *Nordkalk* tillstånd att bryta kalk i området efter en ny prövning. I april 2019 meddelade *Högsta förvaltningsdomstolen* att den inte ger prövningstillstånd för *Nordkalks* överklagan och därmed var rättsprocessen slut. I september 2019 kom beskedet att *Nordkalk* inte kommer att ta processen vidare till *Europadomstolen*, och att planerna på brytning av kalksten i området läggs ner.

Lite kuriosa som kan tilläggas kapitlet om kalkhistoria handlar om *Båstads Kalkindustri AB.*

Bolaget bildades är 1907 för framställning av kalksandtegel och jordbrukskalk och hade för ändamålet installerat roterugnar för bränning av kalk.

År 1937 övertogs bolaget av *Skånska Cementaktiebolaget* tillsammans med *AB Ignaberga Kalksten, Hanaskogs Kalkbruk och Balsviks Kalkbruk*

Råvaran hämtades ur ett vid fabriken beläget dagbrott, en s.k. skalbank, men svårigheterna att länspumpa brottet ökade ju djupare man måsta gå med brytningen, och år 1957 avvecklades rörelsen. Aktierna inlöstes helt av *Skånska Cementaktiebolaget*, fastigheterna såldes till kommunen och bolaget "förpuppades."

Därefter vattenfylldes kalkbrottet snabbt av sig självt, och så hade Båstad fått sin egen insjö. Idag skall det finnas lax och öring i Öresjön och den intilliggande Stensån. Allt enligt de skyltar som finns uppsatta vid sjön som ligger nära Köpmansgatan vid östra infarten.

Ur boken

Gotlands Kalkpatroner

av Arvid Ohlsson,
Gotlänningens tryckeri, Visby, 1964

"Mårten Fries på Länna
Berättelsen om öns förnämsta kalkpatron

För den resenär som i våra dagar färdas genom Slite köping utgör
givetvis *Skånska Cements* stora fabriksanläggning mellan det vackra
Lännaberget och den gamla Slite hamn ett dominerande intryck. Re-
dan flera mil från köpingen ser man de höga skorstenarna spy ut sin
svartgrå rök över den brutna kustlinjen. När man sedan passerar ge-
nom fabriksområdet får man ett nästan kusligt intryck av storindustri.
De grå huslängorna uppförda av betong. De högt belägna utlastnings-
banorna mellan väldiga silobyggnader och hamnen, sprängskotten i
berget, det grå cementdammet som täcker hustaken, järnstängsel och
allt verkar skrämmande i all sin hänsynslösa effektivitet. Och likväl ser
man blott en liten del av denna anläggning som efter sin nu pågående
utbyggnad kommer att bli den största i sitt slag i hela Sveriges land. De
väldiga stenbrotten varur *Slite Cement* tar sin råvara ser man inte så
mycket av. De ligger nämligen inte utmed vägen utan i Lännabergets
västra del, vars mäktiga silurlager sedan flera hundra år givit Sliteborna
deras levebröd.

-- -- --

Det var den 1 april 1919 som cementtillverkningen började i Slite och
efterträdde kalkbränningen. Den fina Länna gård låg då praktiskt taget
öde med avflagade huslängor, utslagna fönster och en trädgård, där
mullbärsträden växte vilt. Kalkbränneriepoken hade då nått sitt slut
efter en blomstringstid som varat mer än 200 år. Under den tiden
hade inom Sliteområdet funnits ett flertal kalkugnar, varav två vid
Länna, 2 på "Slite backar" och en vid Skär. Av dessa hade Länna-
ugnarna tillkommit 1647 – 48, ugnarna vid Slite backe nästan samtidigt

samt ugnen vid Skär år 1670. Under de närmast hundra åren kom dessutom en del andra ugnar till vid Österby, Slite, Närs och File. Kalken från dessa ugnar skeppades på åtskilliga fartyg från Slite hamn, och man gjorde det t. o. m. på egna kölar ty även skeppsbyggeriet har gamla anor här.

Skeppsbyggeriet på Slite började med att Jacob Mumma Reenstierna på 1670-talet lät anlägga ett skeppsvarv vid Länna till vilket han lät införa holländska timmermän, och där var under somrarna ett 70-tal man i arbete. På detta varv kunde samtidigt två fartyg kölsträckas. Fartyg på 250 läster (= 3 000 tunnor) sägs ha kunnat byggas på Mommas varv.

-- -- --

Det var år 1662, som Mårten Fries slog sig ned på sin och sin hustrus ärvda egendom Österbys med Länna kalkbruk i Slite. Där var han sedan bofast och verksam till sin död år 1695. År 1652 synes Mårten Fries ha invandrat till Blekinge över Flensburg. Några år var han sedan i Uppsala och kom 1665 till Visby, där han inledda sin bana som en av huvudpersonerna i den tidens mest uppmärksammade äktenskapsskandal.

Mårten Fries var troligen när han kom till Gotland en ung student. På våren 1656 rymde handelsmannen Hindrich Strithorsts hustru Margareta, en dotter till Marcus Schröder, från sin man för andra gången. Båda hade levt som hund och katt i många år. Den 8 dec. 1657 stod Strithorst för andra gången inför konsistorium och begärde skilsmässa. Två vittnen, som var skutskeppare, berättade nu under ed hur de "under en morgon i Flensburg funnit henne i sängen med en student, Martino Fries" med vilken hon vigts i Hamburg. Och Strithorst fick sitt "skiljebrev". 1 maj 1660 kom paret hem men blev, underligt nog, varken häktade eller åtalade för månggifte. Den 11 september 1660 togs de i förhör inför råsturätten och konsistoriet. Fries uppgav då, att giftermålet ingåtts först efter skilsmässan var klar. Sedermera fick de också drottning Kristinas "pardonsbrev" och fick året därpå tillstånd av konsistoriet att privat intaga nattvarden i sakristian och därmed vart de rehabiliterade inför världen.

-- -- --

Att Mårten Fries och hans hustru Margareta slog sig ned på Länna sammanhänger – enligt Richard Steffen – därmed att Margareta och hennes unge make, efter svärfaderns tragiska frånfälle på våren 1661, övertagit såväl gården som kalkbruket där. Han synes redan från början ha drivit sin kalkbruksverksamhet med stor kraft och energi. År 1665 blev han tingsdomare i Rute ting, men hade dessförinnan genom sin lanthandel hunnit ådraga sig Visbybornas missnöje så att de anmälde honom för guvernör Arve Davidsson för att han trätt deras privilegier för nära. Landssekreterare Hindrich Udesson lät undersöka saken och höll även Mårten Fries en tid i fängsligt förvar. Han frigavs emellertid och vann så småningom även Davidssons förtroende. År 1667, då drottning Kristina utarrrenderade kronoinkomsterna av Gotland och Ösel till Jakob Momma, som hade rätt att avsätta samtliga befattningshavare, behöll han sin position. Ja, han vann t. o. m. Jakob Mommas förtroende så pass, att han av denne provinsens egentlige styresman erhöll betyget "kan väl tilltros", - skriver Richard Steffen.

Vindflöjel från Länna Gård

Margareta Fries var den bekanta "Länna-kärringen"

Under sin tid som kalkpatron bosatt vid Länna utvidgade Mårten Fries sin egendom betydligt. År 1665 hade han köpt Långome. År 1670 köpte han Närs och Spillings gårdar av svågern och suputen Johan Schröder. Vidare lyckades han genom vissa transaktioner bli ägare till S:t Olofsholm och delar av Vallaviks och Hide kalkbruk. Vid Vägome-viken byggde han en ny kalkugn som han år 1683 flyttade till Länna. Fr. o. m. mitten av 1670-talet var Mårten Fries utan tvekan den solid-aste kalkugnspatron som Gotland haft.

I sitt giftermål med Margareta Schröder hade Mårten Fries tre söner, Anders, Markus och Paul. Men Fries äktenskap med Margareta höll inte livet ut. Med Elsa Schonfelt, med vilken han sedan blev omgift, hade han sonen Mårten född år 1695, ett halvt år efter faderns död.

-- -- --

Om Margareta Fries - även kallad "Frisemor" eller "Lännakäringen" – berättas att hon var ett under av högfärd, snålhet och elakhet. Jord-bruket brydde hon sig inte det minsta om. "Frise-mor" brukade tala om "den välsignade kalken och den förbannade säden". När pack-stenen togs ut stod hon inne i ugnarna och skrapade kalken av ugns-väggarna för att få med varenda smula, men samtidigt var hon så övermodig att skrapningen skedde med silversked. Om "Länna-kärringen" har också berättats att då hon en gång i ett sällskap prome-nerade vid Bogeviken drog hon övermodigt en guldring av sitt finger och kastade den i sjön med orden: "Lika lite som jag kan återfå denna ring, lika litet kan jag någonsin bli fattig". Några dagar efteråt kom en fiskare till Länna kök med guldringen som han hittat i buken på en gädda. Utfattig dog hon också i en liten stuga på vägen Slite – Othem, varav rester skall finnas än i dag. Det sägs att hon dog av spetälska och att "hybblet" där hon framlevde var sämre än den dragigaste "kalk-kurrä".

Margareta Fries dog år 1694 och båda makarna vilar, trots skilsmäs-san, under samma gravhäll i Othems Kyrka. Troligen var det sönerna som drog försorg härom.

-- -- --

Mårten Fries lämnade efter sig stora jordegendomar med kalkbruk och annat arvegods. När arvet efter honom skulle delas blev det sönerna Markus och Paul som övertog komplexet Slite-Länna, men snart nog synes sonen Paul ha blivit ensam bruksägare där. Under hans tid fick bruket ytterligare utvidgning genom att norra delen av Slitebacke, som tidigare varit kronans lastageplats, inlöstes av Paul Fries och hans måg, Fredrik Sturtzenbecker. Köpebrevet utfärdades först år 1751, men dessförinnan hade släkten haft det på arrende. Fyra ugnar var nu här i verksamhet så länge kalkbränningen hade sin högkonjunktur. Det var Länna norra och Länna södra kalkbruk, Slite storugn och Slite lillugn. Sturtzenbecker var född i Stockholm år 1684 och kom som ung löjtnant år 1710 till Slite. År 1712 blev han kommendant på Carlsvärds fästning på Enholmen och år 1713 gifte han sig med Paul Fries dotter Margaretha. Paul Fries och hans måg dog nästan samtidigt åren 1736 – 1737. Sedan var det änkorna som någon tid styrde brukssamhället.

Sturzenbeckers tre söner blev sedan kalkbruksägare på Slite. Den sista av dem dog 1790 varvid den Stutzenbeckerska släkten på manssidan dog ut. "Men släkten fortlevde där likväl genom döttrarna" skriver Richard Steffen. Catarina blev gift med Carl Niclas Fåhraeus (1731 – 1816) och bland deras söner fanns de berömda tvillingarna Olof Immanuel och Johan Fredrik, födda i Slite 1796, båda sedermera statsråd och serafimerriddare och gifta med var sin syster Sturzenbecker. Margaretha Fåhraeus' kusin, Greta Barbara, blev sedan gift med Lars Niclas Enequist den äldre (1756 – 1808), och det blev sedan denna släkt som härskade i Slite under inte mindre än fem generationer.

En av Enequistarna, Niclas L:son, arbetade på sin tid på att dra sjöfarten till Slite och lade t. o. m. fram en plan på att göra Slite till stad med frihamn. På grund av politiska betänkligheter föll dock frågan vid 1848 års riksdag, där den var uppe, och samma år dog Niclas L:son Enequist. Han efterträddes av sin äldste son, Patrik Georg, född år 1820 i Slite och död därstädes år 1869.

Slite under patron Ferdinand Nyströms tid.

En stor uppryckning fick kalkindustrin i Slite mot 1800-talets slut då köpmannen och skeppsredaren Jonas Henrik Ferdinand Nyström övertog kalkugnsrörelsen där. Ferdinand Nyström var son till lantbrukare Carl Henrik Nyström, Klints i Othem, och född år 1835. Han var gift med Fredrika Enequist, dotter till Johan Olof Enequist, domkyrko-kantor i Visby och en släkting till de forna kalkpatronerna.

Under den tid som Ferdinand Nyström var kalkpatron i Slite drev han kalkbränning där, dels i den ugn som nu står kvar vi Länna gård, dess-utom i tvenne ugnar vid Klints, de s. k. "Klintsugnarna" uppförda av tegel och nedlagda år 1912. Med tegel från dessa ugnar byggde Ny-ström sedan en ny schaktugn vid stranden sydost om Länna som drevs några år, såldes till *Slite Cement och Kalk Aktiebolag* och nedlades år 1922.

-- -- --

I huset där nu Slitebadens hotell inryms bodde på sin tid patron Ferdinand Nyström. I parken fanns då ännu skeppsvarvet, där skutor reparerades och byggdes. Själv var Ferdinand Nyström stor skepps-redare med tretton egna skutor som gick med laster av kalk, bräder, slipers och andra trävaror till olika hamnar runt Östersjön men även till England, Syd- och Nordamerika.

Ute på norra och östra Gotland gjordes kalktunnor, som kördes till Nyströms kalklador och magasin. Och i lövängarnas hasselbuskar höggs "bändstakar" (smala hasselspön) som klövs till band för kalk-tunnetillverkningen. Allt hade en strykande åtgång och gav inkomster åt folket utanför Slite samhälle. Men priserna var ej så överväldigande, ej ens efter den tidens höga penningvärde. För de färdiggjorda kalk-tunnorna betalades t. ex. ännu fram mot sekelskiftet 25 öre pr styck, uppges det. På 1900-talets början brann alltjämt de ugnar som då fanns kvar vid Länna och invid Slite samhälle. Men allt lades så små-ningom ned när Ferdinand Nyström avyttrade sina egendomar till *Slite Cement och Kalk Aktiebolag*. Ferdinand Nyström dog år 1917. Med hans död gick den siste gotländske kalkpatronen av den gamla stam-men bort.

-- -- --

Slite, som har Gotlands bästa hamn, blev den enda plats på ön där den gamla kalkindustrin fick en värdig efterträdare i en ny annan stor-industri som också hämtar sin råvara ur det gotländska kalkberget, nämligen *Slite Cement och Kalk AB* som startade för drygt ett halvsekel sedan med ett aktiekapital på en och en halv miljon kronor och som därefter varit föremål för upprepade utbyggnader.

De egendomar och företag som *Skånska Cementföretaget* genom sitt avdelningskontor i Slite omfattar, förutom *Slite Cement och Kalk AB, AB Ruteverken i Vallevik, AB Gotlands Kalkverk* med stenbrott på S:t Olofsholm (nu nedlagt), Storugns under utbyggnad, vidare *Bläse Kalk-bruk* samt *Visby Cementfabrik*. Kapaciteten vid *Slite Cementfabrik* var under år 1960 uppe i nära en halv miljon ton, och därifrån levereras nu hälften av all den cement som förbrukas i Stockholm. Senast stora ut-byggnaden som påbörjades för något år sedan och ännu ej hunnit bli färdigställd har kostnadsberäknats till c:a 57 miljoner kr.

Men samtidigt har ingen kalkpatronsgård på hela Gotland blivit så påkostad och pietetsfullt bevarad fram i vår tid, som just Länna. Det gäller inte blott de gamla fina byggnaderna utan även ugnar, kalklador och bropelare som lämnats kvar sedan kalkbränningens epok inom Lännaområdet.

Att Slite samhälle nått sin stora utveckling, inte blott till köping utan även till en ständigt expanderande industriort på ön, detta kan man utan tvekan tacka cementindustrin för, även om nu många inbyggare beklagar sig över cementröken. Hade *Slite Cement och Kalk AB* ej kommit till och skötts på det mönstergilla sätt som dess expansion bestyrker skulle kanske Slite idag, trots sin goda hamn ha legat lika folktomt och förfallet som de övergivna industriplatserna på norra Gotland."

"Pavalds och Barläst

Gammalt centrum för kultur och industri

Utmed Vägomevikens östra sida, där östkustens låga landborg lång-
samt sänker sig i havet, finns en föga trafikerad väg som leder ut till
Barläst i Lärbro socken. Platsen sover sedan drygt ett halvsekel sin
"Törnrosasömn" och sällan hittar väl någon resenär dit ens under
sommaren. Gravänderna som häckar under stenmuren till de gamla
kalkladorna får ruva sina ägg i fred, medan storskrakarna som bor i
kalkugnens brustna murverk fiskar ostörda ända in till bryggan.[*

Hittar man dit en solig sommardag när liljekonvaljen blommar i
törnskatans snår och enbuskarna sprider sitt frömjöl för vinden blir
man imponerad av den vackra utsikten. Utanför den blå viken ser man
Asunden skjuta upp sin raukfyllda ö-rygg ur havet söderut. Slite-landet
med cementfabriken och Länna gård som i en hägring mitt emot och
de mindre holmarna Grundet och Enholmen längre ut i havet.

Under vägen dit har man passerat Pavalds gård som på 1600-talet
var Lärbro sockens största jordbruksfastighet och en mötesplats för
många rika kalkpatroner. Pavalds är f. ö. ännu en verkligt förnämlig
gårdsidyll med sin tvåvånings-manbyggnad från 1800-talets första
hälft och de bägge flyglarna från 1600-talet. Som jordbruksfastighet
har dock Pavalds krympt samman åtskilligt sedan Johan Ahlboms och
patron Magnus Alexanderssons tid. Men två, tre sekler har ju också
lagts till det förgångna sedan dess – en tid fylld av skiftande äventyr
och öden."

[* Under några år på 1960-talet hade jag personligen förmånen att genom ett
50-årigt nyttjanderättsavtal ha tillgång till två mindre bostadshus vid kalk-
bruket på Barläst. Vi renoverade det större huset och lånade ut det lilla. Kalk-
ladans spåntak var i totalt förfall, och jag erbjöd mig att stå för kostnaden att
renovera detta samtidigt som länsantikvarien Gunnar Svanström ordnade
renovering av den stora kalkugnen. När vi flyttade från ön sålde vi nyttjande-
rättsavtalet.

Kalkladan och ugnen vid Barläst sedda från bryggan ca 1964

Jacob Häggs version av Barläst brygga och kalkbruk 1893

För lång och trogen tjänst inom Euroc

Siporex

Våren 1974 led strukturutredningen inom Cementa mot sitt slut. Divisionschefen Sven Borelius informerade då mig att han på förfrågan rekommenderat mig för en befattning inom Siporex.

Siporex dåvarande VD K-G Öhrn kontaktade därefter mig först angående platschefsjobbet i Södertälje och senare även angående en eventuell fortsättning efter ett eller två år som teknisk direktör i Bryssel. Det var då beslutat men inte officiellt att Siporex huvudkontor inklusive teknisk avdelning skulle flytta till Bryssel. Tidpunkten för min flyttning var bl.a. beroende av dåvarande tekniska chefens pensionering och tekniska avdelningens förflyttning till Bryssel. Det antogs att den tekniske chefen inte ville flytta med till Bryssel. (Överenskommelsen bekräftades i ett brev från K-G Öhrn.)

Innan jag hade accepterat jobbet nämndes ingenting om nedläggning av Södertälje-fabriken. men senare informerades jag dock om att diskussioner förekommit med Ytong. Dessa hade inkluderat nedläggning av Södertäljefabriken, men Ytong hade avböjt.

Jag tillträdde i början av augusti 1974 och i oktober kom beslutet om nedläggning utan någon ytterligare förvarning. I och med nedläggningsbeslutet försämrades min situation genom att jag ej längre hade något alternativ till flyttning till Bryssel. Tidigare kunde jag ha valt att stanna som disponent i Södertälje.

K-G Öhrn ville från början att jag skulle flytta ner så fort som möjligt och helst vid årsskiftet för att till att börja med vara platschef vid fabriken i Bryssel. Bertil Linse, som i egenskap av Sverigechef var min närmaste chef, framhöll att han önskade att jag stannade vid fabriken i Södertälje åtminstone till våren. Man löste problemet vid Brysselfabriken genom att där tillfälligt för ett år placera engelsmannen Beal. Denne var kontraktsanställd och skulle egentligen ha hand om ett projekt i Mellan Östern vilket hade försenats. Jag skulle i stället flytta under sommaren 1975 varför jag bedrev studier i franska bl.a. en tvåveckors intensivkurs i Paris i februari 1975 följt av en veckas rundresa till Siporex-fabrikerna i Frankrike och Belgien.

I slutet av mars informerades jag av K-G Öhrn att han blivit ersatt som VD av Ulf Linderoth, och att han själv i stället blivit teknisk direktör. De för mig uppgjorda planerna var därför inte längre aktuella.

Jag kontaktade omgående Tor Blomquist som sade att han var medveten om att min situation påverkats genom de beslutade förändringarna, men att han skulle ge mig andra alternativ. Han hade några saker på gång och skulle återkomma om några dagar.

Jag bad även om ett samtal med Sten Lindh och fick tillfälle till detta under en promenad på golfbanan i Torekov (utan klubbor). Han sade då att han inte varit medveten om vad som varit avtalat mellan mig och Siporex VD och beklagade därför att förändringarna påverkat min situation. Därutöver gick han igenom koncernens olika divisioner och deras då kända behov av ledande personal.

Personligen har jag förståelse för förändringarna men jag anser det vara fruktansvärt dålig personalpolitik att inte informera mig i ett tidigare skede.

Den korta tid jag var verksam inom Siporex (ett år) blev genom nedläggningsbeslutet mycket händelserik. Fabriken var verkligen i ett dåligt skick. Den allmänna moralen var i botten och detta återverkade i all led. Tillsättandet av en ny ledning blev dock en injektion som snabbt medförde en avsevärd uppryckning. Samtidigt med mig tillsattes även en ny driftschef, och tillsammans skapade vi goda relationer med de anställda. Besvikelsen blev därför stor när nedläggningsbeslutet kom. De goda relationerna underlättade dock själva nedläggningen, som i alla avseenden gick bättre än väntat. Produktionen kunde upprätthållas till sista dagen. Det ekonomiska utfallet blev avsevärt bättre än budgeterat, och tack vare en god konjunktur för ortens företag var det relativt lätt för de anställda att få nya jobb efter det de lämnat Siporex.

(Reflexion: Man kan nu undra om det var så klokt av bolagsledningen att så snabbt lägga ner *Siporex*-tillverkningen i Södertälje. Statens strålskyddsinstitut (SSI) hade år 1972 påtalat det olämpliga i att använda det radonhaltiga råmaterial som konkurrenten *Ytong* använde, men *Siporex* använde finmald sand, cement och kalk.)

SvD 1975-11-10

VD ordnade nya jobb
när fabriken lades ned

Chefen är den bästa PR-mannen för sina anställda när företaget slår igen, tyckte VD på Siporex.

I augusti i fjol kom den nye platschefen Dick de Jounge och den nye driftschefen Tord Olsson till Siporex i Södertälje. De skulle rycka upp tillverkningen av, lättbetong. En svår uppgift: fabriken var nerkörd och bostadsbyggandet minskade stadigt.

Tillverkningen gick då på halv kapacitet, och även om resultatet förbättrades något var volymen för liten. De nya cheferna föreslog tillsammans med de anställda efter ett tag fortsatt drift under förutsättning att volymen kunde ökas. Men ägaren Euroc ville anmat och 1 november kom nedläggningsbeskedet.

— När jag accepterade jobbet som platschef i Södertälje hade jag ingen aning om att det skulle gå så här, och framför allt inte så snabbt, säger Dick de Jounge. Vad gör man då med 200 anställda som fått avsked på grått papper?

Anställdas PR-man

Dick de Jounge bestämde sig för att bli sina anställdas PR-man. Han gav sig ut och "köpte" jobb åt sina medarbetare. Han kan bättre än chefen bedöma si-

na medarbetare, tyckte han. Gamska tidigt blev han klar över att de kollektivanställda skulle klara sig ganska bra. Suget på arbetskraft var kraftigt i Södertälje vid här tiden.

För tjänstemännen däremot spelar det större roll vad man hamnar på för företag, vilka arbetsuppgifter man får o. s. v.

Men alla skulle få sin chans, menade Dick de Jounge och därför bjöd han in direktörer och personalanställare till Siporex. Det var många som fick nya jobb över lunchbordet i personalmatsalen. En direktör var så ivrig att han ville ha ett 15-tal kollektivanställda på en timma!

Dick de Jounge tror att direktkontakt är effektivt i en sådan här situation. Själv skickade han brev till 25 företag i Södertälje och berättade om den arbetarstam som skulle stå utan jobb om några månader.

— Det mötte ganska bra gehör. Ett tiotal företag kom hit tillsammans med facklig representanter och sedan dess har det gått studieresor till företagen.

Efter sommaren intensifierades den uppsökande verksamheten för

de äldre tjänstemännen. (De som är över 55 år har 12 månaders uppsägning.)

Tillsammans med Trygghetsrådet kontaktade Dick de Jounge de företag som tidigare visat sig intresserade, eller som svarat på den annons man satte in i augusti om att "sex trotjänare sökte nya jobb".

Äldre förmån svårast

— Svårast av allt är att Eitra nytt arbete åt äldre förmän, arbete som ger bibehållen aktring.

Bland annat detta har Dick de Jounge lärt sig under det här året. Ett år som han tycker har varit ett av de lärorikaste hittills.

— Jag fick ju själv känna på hur det känns att fortsätta arbeta i tomma intet, utan motivation. Allt skulle ju ändå ta slut.

Själv har han flyttat över sin verksamhet till Stockholm och ska för Eurocs räkning undersöka vad paragraf-32-utredningens förslag får för effekter inom koncernen.

Driftchefen Tord Olsson fick så sent som i början av oktober besked från koncernledningen att

en ny plats är vikt för honom på Siporex i Skåne.

Bra folk

När nedläggningsbeskedet kom i november 1974 arbetade 200 personer på Siporex varav 30 tjänstemän.

De flesta arbetarna har fått nya jobb i Södertälje. 25 är kvar på företaget och 15 är arbetslösa.

— Siporexarbetarna var kända som bra folk och var eftertraktade, säger ombudsman Rune Jonson i Fabriksarbetareförbundet.

Åtta tjänstemän arbetar fortfarande på Siporex. Samtliga är kring 60 år. De yngre lämnade företaget först.

— Man skulle ha önskat större generositet att överkompensera dem som arbetat mycket länge, säger Lennart Nilson på SIF-avdelningen i Södertälje. Företaget betalar 95 procent av lönen till dem som är kvar under 21 månader.

— Mer förståelse även för de yngre kunde man önskat. Han konstaterar dock att flertalet fått nya jobb med motsvarande eller bättre lön.

Brita-Lena Ekström

Dick de Jounge: VD och skedade tjänstemän vid Sip

Gyproc, IFÖ Sanitet

Så småningom återkom Tor Blomquist med två förslag. Det ena var platschef vid en av Gyprocs fabriker, vilken befattning dock inte skulle bli aktuell förrän till hösten. Det andra var produktionschef vid Ifö:s sanitetssektor i Bromölla. I samband med bolagsstämman satte Tor mig i kontakt med divisionschefen Rolf Bergström och sektorchefen Olle Nilsson. Jag besökte även Bromölla, men efter någon vecka fick jag besked om att man valt att göra en intern rekrytering.

Under hösten 1975 kom frågan om Gyproc-jobbet upp. Yngve Banheden, som jag kände sedan gammalt, informerade mig om situationen. En av platscheferna höll inte måttet, och man önskade ersätta honom. Jag besökte fabriken i Bålsta och när saken var i det närmaste klar åt jag lunch med Gunnar Rosenborg på Savoy i Malmö. Någon vecka därefter informerades jag av Yngve Banheden att det blivit

61

komplikationer inom företaget. En ny personalchef hade tillsatts utan samråd, vilket vållat kritik. Den platschef som skulle omplaceras hade satt sig på tvären och personalen insisterade på internrekrytering. Efter ytterligare tid fick jag per brev från Gunnar Rosenborg veta att driftsingenjören i Bålsta utsetts till platschef och saken ej längre var aktuell för mig.

Action learning och medbestämmande

Jag hade under våren blivit tillfrågad av Tor Blomquist och Erik Hafström om jag ville deltaga i något som hette "action learning". Det var ett utbildningsprojekt som leddes av IFL och som gick ut på att individer "friställdes" från sina ordinarie uppgifter under sex månader för att utföra särskilda projekt. Det skulle påbörjas under september, och bland föreslagna projekt fanns "att utforma handlingsplan för att möta väntad utveckling på arbetsmarknaden" (§ 32).

Både Euroc och ABV hade föreslagit samma projekt och jag valde därför att arbeta inom båda företagen.

Samtidigt hade koncernchefen föreslagit en arbetsgrupp inom koncernen med en representant från varje division och jag blev utsedd till sekreterare i denna grupp.

På hösten 1975 hade jag tagit mig an medbestämmandeproblematiken. Att på heltid få ägna sig åt en sådan uppgift var intressant och ovanligt. Det fanns många som i och för sig var engagerade med det var i huvudsak personaladministratörer eller konsulter. Med min bakgrund som linjeman från produktions- och företagsledning var jag tämligen ensam. Jag blev därför under våren engagerad i flera sammanhang som föredragshållare och som sakkunnig. Jag deltog bl.a. vid en av Saab-Univac anordnad konferens för företagsledare i Rom och vid IFL:s första seminarium på Yxtaholm.

Genom den uppläggning som gjordes för arbetsgruppen inom Euroc med sammanträden i december, januari, mars och maj fann jag det lämpligt att till att börja med koncentrera mig på ABV. I början av februari hade jag färdigställt mina rapporter gällande detta företag och vid en chefskonferens med ca 50 närvarande höll jag ett anförande med efterföljande diskussion.

Byggbranschen är speciell och har en relationsstruktur som avviker från fast industri. Samtidigt som det har utvecklats en mycket stark hierarkisk organisation har relationerna mellan företagsledning och anställda utvecklats på ett friare sätt än inom fast industri. Den nya lagen passar därför i vissas avseenden dåligt på denna bransch. De förslag jag lade fram uppskattades därför mycket av yngre och medvetna individer, men möttes med stark skepsis av de äldre och i systemet väl etablerade.

Inom Eurocs arbetsgrupp började jag arbetet med att formulera fyra framtidsscenarier eller beskrivningar av tänkt framtida utveckling. De utnyttjades som diskussionsunderlag vid det första mötet med arbetsgruppen och visade sig vara ett bra underlag för att få igång en meningsfull diskussion.

Jag blev senare ombedd att hålla en likartad gruppövning och diskussion i samband med en av de arbetsrättskonferenser som hölls med Reinhold Fahlbeck som föredragande. Även vid detta tillfälle visade sig de fyra scenarierna bli uppskattade som underlag och de kom att bli utnyttjade vid ett flertal likartade konferenser.

Under våren fick jag arbetsgruppens uppdrag att formulera en slutrapport. Under sammanträdena hade olika principiella frågor debatterats. Från början var nog majoriteten av deltagarna mycket skeptiska till den väntade utvecklingen, och detta yttrade sig även i ovillighet att acceptera förslag som vid detta skede uppfattades som radikala. Men allt efter hand förändrades emellertid attityden – inte minst från ordförandens sida och gruppen beslöt därför bl.a. att föreslå:

- integrerat inflytande på alla nivåer i motsats till sidoordnat inflytande

- begränsning av sidoordnad kommittéverksamhet, men beslutsrätt inom budgeterade ramar för eventuella kommittéer

- facklig verksamhet ses som en del av företagets verksamhet

- fortsatt decentralisering till självständiga enheter och grupper

- attitydförändring genom vertikal utbildning

63

Rapporten redovisades inför en chefskonferens i augusti vilket ledde till några smärre förändringar av skrivningen. I oktober distribuerade koncernchefen ut rapporten till divisionerna med några tillägg till inledningen.

Promonord/Skandinaviska Eternit

Någon vecka före det Arbetarskyddsstyrelsens nya asbestbestämmelser blev kända (1976-02-26) tillfrågades jag av Tor Blomquist om att bli vice verkställande direktör inom det nybildade Promonord. Promonord skulle med Eternibolaget som grund utvecklas till ett handelshus med nya produkter. Eternittillverkningen i Köping skulle avvecklas omgående, men Lomma skulle fortsätta med i stort sett oförändrad organisation. På sikt väntade man sig minskad marknad för Eternitprodukter varför nya produkter skulle tas upp i stället – agenturer eller egen produktion. I den skisserade organisationen ingick Siroc med Martin Egnér som ansvarig.

Jag skulle bli placerad i Lomma och eventuellt överta det stora hus som Bengt Cardell disponerade vid tillfället. Det fanns ett mindre som han ansåg tillfredställande för sig.

Jag sammanträffade med Bengt Cardell för första gången 1976-02-23 men hann inte träda i tjänst förrän de nya bestämmelserna blev kända. Koncernledningen beslutade då att dela upp ansvaret i tre delar. Bengt Cardell skulle ansvara för "handelshuset" Promonord. Jag skulle ansvara för avvecklingsrörelsen och Kjell Rosén skulle ansvara för ersättningsindustri.

I samband med diskussionerna om den nya befattningen utlovades jag av Tor Blomquist "ett nytt befordringstillägg". Han ville dock avvakta de väntade löneförhandlingarna. Under våren och sommaren gjorde jag två till tre påstötningar men han hänvisade varje gång till förhandlingarna "men självfallet skulle jag få mitt tillägg retroaktivt från tillträdesdagen".

Interroc Fasad AB Köping

Den 26 februari 1976 hade Arbetarskyddsstyrelsen meddelat de nya asbest-bestämmelserna vilka förbjuder sysselsättandet av arbetstagare med nyinstallation av asbetscementprodukter. Några veckor tidigare hade jag, som ovan framgår, blivit erbjuden befattningen som vice VD inom Promonord AB. Jag hade inte hunnit tillträda när situationen på grund av ovan nämnda bestämmelser blev helt förändrad. Min första uppgift blev därför att genomföra samråd före styrelsebeslut om nedläggning av Eternitproduktionen i Köping. Styrelsemötet var fastställt till den 16 mars och min begäran att uppskjuta detta möte en vecka avslogs.

Jag avkortade min ledighet under sportlovsveckan och besökte Köping första gången tillsammans med Bengt Cardell den 4 mars. På lördagen den 6 mars blev jag i min bostad uppringd av Sten Lindh som ville ge sin syn på nedläggningsfrågan. Den gick ut på att nedläggningen skulle verkställas så fort som möjligt, den 1 oktober eller möjligen någon månad senare. Absolut inte senare än årsskiftet. Jag framhöll att jag inte hade några synpunkter förrän jag fått tillfälle att på platsen gå igenom situationen. Sten informerade mig även om att han nyligen sammanträffat med ledningen inom tyska Eternit och att det då klargjorts att det inte fanns något intresse för leveranser efter den 1 januari 1976.

Jag hade fyra dagar till förfogande i Köping. De två första utnyttjade jag för introduktion och informella samtal och den tredje dagen höll vi ett första formellt samrådsmöte. Vid detta framförde man från fackligt håll stark kritik mot det sätt på vilket företagsledningen handlagt nedläggningsfrågan sedan i höstas och på vilket sätt man svartmålat Köpings situation. Bl.a. hade i budgeten upptagits en post på 2 milj. kronor för nödvändiga miljövårdsinvesteringar när i verkligheten kostnaderna beräknades till 200.000 kronor. Bengt Cardell hade även påstått att tyska Eternit inte var intresserat av fortsatta leveranser efter 1 januari (vilket överenstämde med Sten Lindhs information till mig) men i verkligheten hade man mottagit ett telex från tyska Eternit som antydde motsatsen, och även innehöll förslag till diskussion av olika lösningar för fortsatt gemensam produktion. (Se telex på nästa sida)

```
OVÖ
32352 ETERNIT S
181221Z ETB D FSNR 1226 9.3.76 1337 HE

HERRN DIPL.-ING. K.G. FIEBER

NACHSTEHEND DER WORTLAUT UNSERES TELTHES NR. 673, DAS WIR AM·
26.2.76 AN HERRN DERST CAMBELL ABGESETZT HABEN:

''NACH RUECKSPRACHE MIT UNSEREM VORSTANDSVORSITZENDEN, HERRN DR.
LEHMANN, UND DEM SPARTENLEITER HOCHBAU HERRN DIERKS, MOECHTEN WIR
DEN BEZUG VON FASSADENPLATTEN 30/60 ... 1976 IN HOEHE VON CA.
1,5 MIO. M2-IN UEDR.GEM GEMAESS BESPRECHUNGSNOTIZ VON 8.12.1975-
BESTAETIGEN.
WIR SIND DARUEBER HINAUS BEREIT UND INTERESSIERT  AUCH IM JAHRE
1977 DEN BEDARF DES DEUTSCHEN MARKTES IN IHREN FASSADENPLATTEN
30/60 ANALOG DEN D.SHER BEZOGENEN QUAL.TAETEN AUS IHREM WERK
KOEPING ZU DECKEN.
UEBER IHREN VORSCHLAG, DAS TROCKENVERFAHREN IN DER  WEITEREN
ZUKUNFT EVENTUELL MIT IHNEN GEMEINSAM ZU BETREIBEN, SIND WIR GERN
ZU GEGEBENER ZEIT BEREIT, MIT IHNEN WEITER ZU VERHANDELN.

ETERNIT AG BERLIN
DIREKTOR WERKSGRUPPE NORD
MAINZ''

FREUNDLICHE GRUESSE
HILGENDORFF
ÖP
32352 ETERNIT S
181221Z ETB D
```

Inför mötet hade jag på egen hand formulerat ett förslag till rapport från samrådsgruppen som gick ut på att personalstyrkan skulle minskas med 50 man under hösten, och att Eternitproduktionen i sin helhet skulle upphöra 1 juli 1977. Efter denna tidpunkt skulle Colorocproduktionen vara kvar liksom eventuellt ny verksamhet. Efter det att ha lagt fram detta förslag föreslog jag bordläggning av mötet till måndag.

Under lördagen fick jag tillfälle att sammanträffa med Sten Lindh på kontoret i Stockholm. Jag föreslog då till skillnad mot hans ursprungliga önskan att driften skulle fortsätta till 1 juli 1977. Jag motiverade förslaget med att en sådan förlängning skulle ge en ekonomisk förbättring på grund av att många kostnader ändå måste bäras fram till denna tidpunkt, dels att jag därigenom trodde mig kunna uppnå en samförståndslösning med de anställda.

Efter viss tvekan och med vissa förbehåll fick jag Stens medgivande

66

att gå vidare med mitt förslag.

Måndagen den 15 mars blev dramatisk. Vid samrådsförhandlingarna på förmiddagen fortsatte de fackliga representanterna och framför allt LO-representanten Torbjörn Wassell att visa en totalt avvisande attityd. Läget såg mycket mörkt ut för att komma vidare i samrådsgruppen. Jag föreslog då att vi skulle kalla en extra företagsnämnd och att denna skulle få avgöra frågan.

Mellan de olika mötena pågick febril aktivitet och såvitt jag förstod stark påtryckning på framför allt Torbjörn Wassell att acceptera det framlagda förslaget.

Genom hela företagsnämndsmötet var Torbjörn från början skeptisk men allt fler stödde förslaget och till slut kunde jag konstatera att nämnden ställde sig bakom inklusive Torbjörn Wassell.

Samma kväll var jag kallad till sammanträde med koncernledningen i Malmö. Sten Lindh ställde sin chaufför till mitt förfogande för hämtning på Sturup och efter en middag på Falstaff fortsatte överläggningar och författandet av morgondagens pressbulletin till midnatt.

Till styrelsemötet hade Bengt Cardell och Jörgen Svensson utarbetat eget material, men Sten Lindh och styrelsen tog fasta på samrådsgruppens förslag och beslutade helt i överenstämmelse med detta.

Innan styrelsemötet var avslutat bröt jag upp från sammanträdet för att med pressreleasen i portföljen med taxiflyg bege mig till Köping och den väntande extra företagsnämnden. Med 10 min. marginal anlände jag för att med viss glädje kunna informera nämnden och något senare pressen om att samrådsgruppens förslag hade antagits av styrelsen.

I fortsättningen upprättade jag min bas i Köping och försökte att tillbringa så mycket tid som möjligt där. I genomsnitt blev det dock inte mer än ca 2 dagar i veckan. Engagemangen i Lomma och inte minst andra sammanträden med Euroc Development, företagsgruppen och arbetsgruppen för medbestämmande gjorde att jag minst en gång per vecka måste åka till Malmö. Jag försökte då och då lägga in en dag på kontoret i Stockholm men det blev inte oftare än var fjortonde dag.

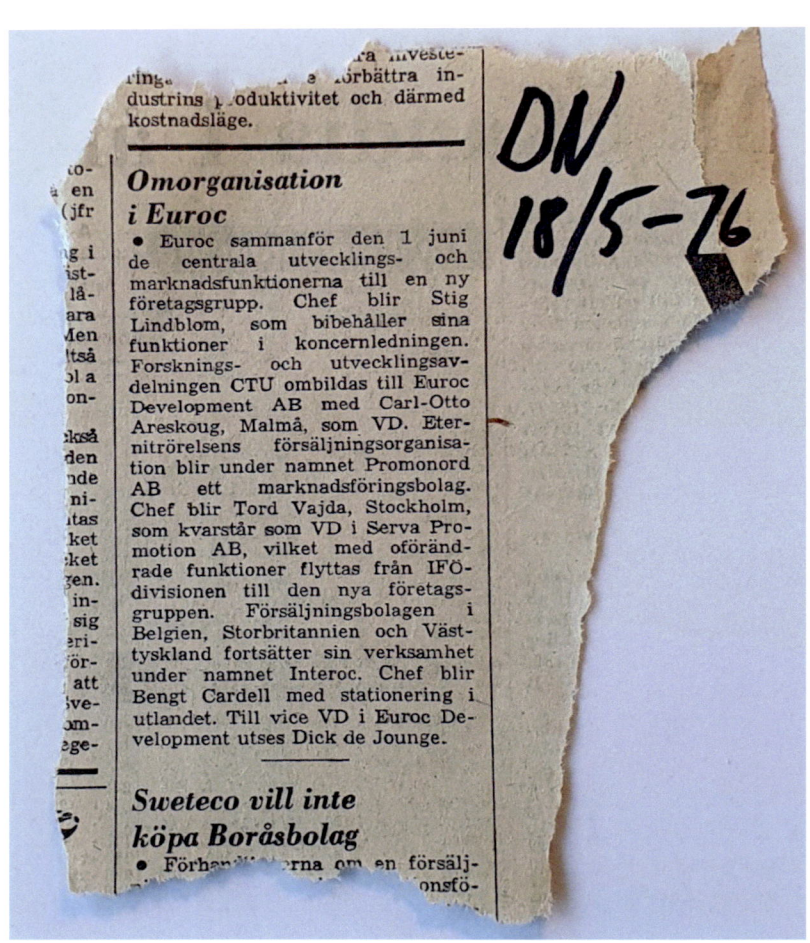

...ra investe-
ring... ...e ...orbättra in-
dustrins produktivitet och därmed
kostnadsläge.

DN
18/5-76

Omorganisation i Euroc

● Euroc sammanför den 1 juni
de centrala utvecklings- och
marknadsfunktionerna till en ny
företagsgrupp. Chef blir Stig
Lindblom, som bibehåller sina
funktioner i koncernledningen.
Forsknings- och utvecklingsav-
delningen CTU ombildas till Euroc
Development AB med Carl-Otto
Areskoug, Malmö, som VD. Eter-
nitrörelsens försäljningsorganisa-
tion blir under namnet Promonord
AB ett marknadsföringsbolag.
Chef blir Tord Vajda, Stockholm,
som kvarstår som VD i Serva Pro-
motion AB, vilket med oföränd-
rade funktioner flyttas från IFÖ-
divisionen till den nya företags-
gruppen. Försäljningsbolagen i
Belgien, Storbritannien och Väst-
tyskland fortsätter sin verksamhet
under namnet Interoc. Chef blir
Bengt Cardell med stationering i
utlandet. Till vice VD i Euroc De-
velopment utses Dick de Jounge.

Sweteco vill inte köpa Boråsbolag

● Förhan... ...erna om en försälj-
...onstö-

Utklipp från Dagens Nyheter 18 maj 1976

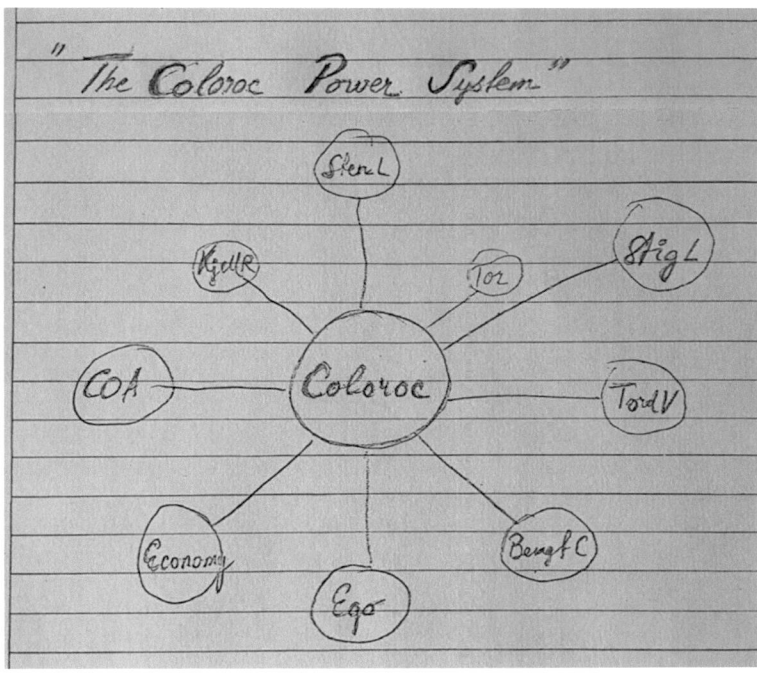

Denna enkla skiss med följande text hittade jag bland mina papper.

"Denna beskrivning av Coloroc's organisation visades för Sten Lindh och Tor Blomqvist våren 1976 i samband med diskussioner om Promonord. Sten kommenterade att detta var ett övergångsskede."

Sten L   = Sten Lindh   Tor   = Tor Blomqvist
Kjell R = Kjell Rosén   Stig L   = Stig Lindblom
COA   = Carl-Otto Areskoug Tord V   = Tord Vajda
Economy= Ekonomiavdelning   Bengt C= Bengt Cardell
Ego   = Jag själv

Förbudet mot användandet av asbestcementprodukter i Sverige be-
rörde endast indirekt Köping-fabriken då i stort sett hela produktionen
exporterades. Sten Lindh menade dock att man av etiska skäl inte
gärna kunde fortsätta tillverka och exportera produkter som inom
landet var förbjudna av hälsoskäl.

Avvecklingen av Eternitproduktionen var självfallet ett stort ingrepp i
Köpings organisation, men till skillnad mot Lomma fanns det produkter
som inte berördes, och det fanns mycket som talade för en fortsatt
verksamhet. Bl.a. Köpings attraktiva läge, de moderna fabriksfastig-
heterna, den lilla men kompletta organisationen och sist men inte
minst produkterna Coloroc, Polyroc och Siroc. I ett PM till Tor
Blomquist (med kopia till Kjell Rosén och Carl-Otto Areskoug) framför-
de jag en analys av situationen dagarna efter nedläggningsbeslutet.
Något gehör för mitt förslag fick jag dock inte.

Det fortsatta samarbetet med personalen i Köping utvecklade sig
mycket väl. Jag hade valt att tillsätta ett "arbetsutskott" med fackliga
representanter som skulle utgöra ledningsgrupp. Denna samman-
trädde ungefär var fjortonde dag och andan inom denna grupp var rå
men ändå god. Det var yttre omständigheter som var störande. Bl.a.
bildandet av nya Promonord genom sammanslagning av Skandinaviska
Eternits och Interoc Fasads marknads-organisationer samt Areskougs
manövrar med Siroc-projektets lokalisering.

Den 18 maj kunde vi trots detta åter uppnå samförstånd i företags-
nämnden. Denna gång beträffande organisationens principiella utse-
ende efter 1 juli 1977. Självfallet hade jag inhämtat koncernledningens
samtycke i förväg (genom Tor Blomquist). Uppgörelsen redovisades
senare i styrelsen den 24 maj och gick ut på att totalt 82 man skulle
ingå i organisationen efter 1977-07-01.

Vid styrelsemötet i mars vid vilket nedläggningsbesluten klubbades
hade Ingemar Rehnberg varit kritisk mot förlängning i Köping p.g.a.
ekonomiska skäl. Hans farhåga kan antagas ha kommit från det mat-
erial som Bengt Cardell och Jörgen Svensson sammanställt. I beslutet
togs därför med en reservation "Om att det blev en väsentlig negativ

avvikelse finge frågan på nytt tas upp". Detta föranledde vissa krafter att efter beslutet fortsätta att verka för nedläggning redan under 1976. Jörgen Svensson (Interroc, Lomma) skrev en kritisk rapport "Driftsinskränkning Interoc Fasad AB, Köping" vilken dock kommenterades av Bertil Vogel i Köping på följande sätt:

"Efter genomgång av materialet blir min spontana reaktion att antaganden och slutsatser år präglade av pessimism och misstro mot hela personalens i Köping förmåga att på ett smidigt sätt klara av Eternitrörelsens avveckling. ....

Min egen slutsats är att företaget genom förlängningen av avvecklingstiden till halvårsskiftet 1977 har minskat sina avvecklingskostnader i avsevärd grad och samtidigt har det getts betydligt bättre tid för personalen att få alternativ sysselsättning."

:

Under våren och sommaren löpte produktionen av Eternitmaterial mycket väl och likaså leveranserna. Däremot Coloroc-sidan hade fått problem med försäljningen, inte minst beroende på det sätt marknadsorganisationen hade behandlats. Från det att Bengt Cardell under hösten 1975 hade påbörjat sina försök att sammanföra marknadspersonal med Lommas organisation fram till sommaren 1976 hade 5 av 10 aktiva marknadsförare lämnat företaget

Efter semestern fortsatte överläggningarna med de olika fackliga organisationerna om turordningslistor och eventuella ekonomiska lösningar för tjänstemän och arbetsledare. Dessa avslutades till månadsskiftet augusti-september.

Till styrelsemötet dem 5 oktober kunde jag redovisa en efter förhållandena gynnsam situation. I förhållande till budget visade prognosen nu positivt rörelseresultat med en förbättring för 1976 på ca 2 milj. kronor och detta trots att licensverksamhet belastade resultatet med -1,5 milj. kronor och trots att Coloroc-försäljningen endast uppgick till ca 50% av budget.

Skandinaviska Eternit

Personalrepresentanterna i Lomma var minst sagt förgrymmade på Bengt Cardell efter det att han mot samrådsgruppens vilja föreslagit styrelsen nedläggning av Lomma redan 1 juli 1976. Detta var en av orsakerna varför man per brev till koncernledningen anhöll om att jag skulle träda i funktion även i Lomma.

Ordförande i Promonord   Ambassadör Sten Lindh

Delgives: VD i Promonord Bengt Cardell
            VD i Promonord Dick de Jong
            platsen i Skand. Eternit Nils Pedersen

I den av VD Bengt Cardell uppskisserade funktions-
planen är vVD Dick de Jong uppsatt såsom chef för
asbestcementavvecklingen i Köping och Lomma.

Samrådsgruppens ledamöter inom SIF, SALF och LO i
Lomma vill härmed hemställa till företagsledningen
att Dick de Jong snarast träder i funktion även i
Lomma.

Lomma den 17 mars 1976

Allan Bengtsson

Gunnar Nilsson
Samrådsgruppen

Kjell Högberg

Bertil Nordström

I ett tidigt skede hade jag till Sten Lindh framfört en önskan att inte bli engagerad i ytterligare avvecklingsverksamhet. Han sade då att han skulle sätta stort värde på om jag ville åtaga mig denna uppgift.

Även i Lomma bildade jag en ledningsgrupp med mig själv som ordförande till vilken jag inbjöd fackliga representanter. Gruppen sammanträdde varannan vecka. För att begränsa mitt eget engagemang satte jag in K-G Fiber som tillförordnad platschef. Han tillhörde egentligen Interoc Fasads organisation, och ansvarade för licensfrågor, men hade tidigare erfarenhet som fabrikschef i Köping. Den befattningen hade han lämnat av hälsoskäl, men var nu positiv till att åter få ökat ansvar under sitt sista år före pensionen.

Några dagar före styrelsens sammanträde den 16 mars hade inkommit en skrivelse från Svenska Fabriksarbetarförbundet med inbjudan till en gemensam konferens med alla i asbestfrågan berörda parter, med andra ord även byggnadsarbetarförbundet, Arbetarskyddsstyrelsen, byggföretagen etc. Målsättningen skulle vara att före ett eventuellt beslut om driftsinskränkning med alla parter närvarande pröva om det fanns möjligheter att lindra konsekvenserna.

Från företagets sida besvarades inbjudan till konferensen i princip positivt men samtidigt påpekades att styrelsen inte kunde påverkas att uppskjuta några beslut som de ansåg nödvändiga.

Den gemensamma konferensen kom därför till stånd efter det att styrelsen beslutat om nedläggning 1 juli 1976. För att få tillfälle att diskutera frågan med Sten Lindh före denna konferens åkte jag ut med bolagsbilen till Arlanda för att hämta honom. Jag hade sammanställt några rader med vissa villkor för fortsatt produktion, men Sten var skeptisk, och de följande diskussionerna under konferensen medgav inget utrymme för positiva förslag. Representanterna från Arbetarskyddsstyrelsen och Byggnadsarbetarförbundet gjorde i klartext tummen ner för all förändring av beslutade föreskrifter.

Beslutet om nedläggning av Lomma redan den 1 juli 1976 var motiverat av att vissas personer befarade ett totalt och omgående stopp av leveranserna. Den första prognos som marknadsavdelningen och den lokala företagsledningen i Lomma lämnade ifrån sig efter Arbetarskyddsstyrelsens chockmeddelande den 26 februari innebar att inneliggande lager skulle täcka efterfrågan fram t o m den 1 januari 1978 även om produktionen upphörde den 1 juli 1976. Denna panikbetonade prognos möttes dock av stark skepticism från flera håll redan innan styrelsens sammanträde den 16 mars. Direkt efter styrelsebeslutet framfördes i Lommas ledningsgrupp förslag att undersöka möjligheterna att förlänga produktionen på maskin 5 även efter semestern. På gruppens uppdrag utarbetades därför gemensamt med facken i

Lomma en miniorganisation vilken skull erfordras för fortsatt drift med denna maskin. Den 5 maj delgav jag Sten Lindh m.fl. i ett skriftligt meddelande ett konkret förslag till fortsatt drift. Ett sådant beslut skulle medföra konsekvensen att 80 kollektivanställda skulle få förlängd uppsägningstid med tre månader utöver de sex de redan enligt lag hade rätt till. Vi uppmanades av Sten Lindh att utföra grundliga ekonomiska bedömningar, och han tillsatte budgetchefen Bo Åkesson som medverkande.

Bengt Cardell och Jörgen Svensson delade en pessimistisk uppfattning om förutsättningarna för fortsatt drift. Den rapport som Jörgen och Bo Åkesson sammanställde kom därför att förorda att man inte skulle binda sig för tillverkning längre än t o m oktober. Man föreslår alternativt import om leveranssituationen skulle kräva ytterligare kvantiteter.

Rapporten var enligt min uppfattning i flera avseenden missvisande vilket föranledde mig att i en passus i ett PM till Sten Lindh avge bedömningen "falsk och vilseledande".

Under de närmaste veckorna hade jag åtskilliga samtal och sammanträffanden med Sten Lindh. Fån början var han helt ointresserad av att förändra styrelsens beslut. "Livsfarligt släppa ut anden ur flaskan", "tvångsläge vars tillkomst vi inte är skyldiga till".

Förslaget till förlängning byggde på en förbättrad leveransprognos, men Sten framhöll att man inte kunde lita på denna. Endast orderstocken var stor nog för att det skulle erfordras produktion efter semestern, men han påpekade att orderstocken inte var lika med leveransvolym och att den lätt "kunde sjunka ihop som ett korthus". Han betonade dock att vi inte säger nej. "Vi är lika intresserad (dock max till årsskiftet) och vi avvaktar i sex veckor."

För att öka företagsledningens intresse för en fortsatt produktion genomförde vi en tioprocentig prishöjning och samtidigt hoppades vi med denna åtgärd kunna erhålla en rensning av orderstocken. Sten Lindh begärde nämligen bevis för att orderstocken var verklig i form av bankgaranti eller förskottsbetalning. Marknadsfolket i Lomma slet sitt hår i förtvivlan över dessa i deras mening absurda förslag. De uttryckte bl.a. saken så att det var kunderna som borde ha garanti från oss och inte tvärtom.

Företaget hade hänvisat till den s.k. undantagsbestämmelsen i 4 § Lagen om vissa anställningsfrämjande åtgärder, vid utförandet av varslet i Lomma. Denna bestämmelse medger kortare varseltid än sex månader när omständighet vilken företaget ej rår för eller ej kunnat förutse orsakat varslet. Från fackligt håll var man mycket kritisk och förde därför saken vidare för prövning. En representant från Arbetsmarknadsstyrelsen besökte företaget, och vår ombudsmannaavdelning besvarade i samband med detta besök en hemställan om företagets synpunkter. I denna framhölls att varslet i och för sig var riktigt då lagen säger att varsel skall lämnas "så snart det ske kan".

Undantagsbestämmelsen hade ännu aldrig utnyttjats och till en början förelåg inom vissas kretsar ett rent allmänt intresse att driva frågan vidare till prövning. Allt efter hand som leveranserna fortsatte och skälen för total avveckling redan 1 juli blev svagare avtog intresset och i stället antogs från vissa håll idén att fortsätta driften t o m oktober. Därigenom skulle undantagsbestämmelsen ej bli aktuell. Det var intressant att följa hur olika individer fann det opportunt att ställa sig bakom denna förlängning men bestämt motsätta sig förlängning efter årsskiftet, vilket Sten Lindh tidigare uttalat sig mot.

Från facklig sida var man helt ointresserad av att diskutera något annat än förlängning t.o.m. mars eller juni. Jag ansåg att, inte minst ekonomiska skäl, talade för en förlängning t.o.m. mars och jag ställde mig därför bakom samrådsgruppens förslag.

Att nå Sten Lindh och i lugn och ro få tillfälle att diskutera olika frågor är inte lätt. Det är heller inte lätt att stå på sig med förslag som han tidigare uttalat sig emot. Av en slump var jag på Stockholms-kontoret samtidigt med honom den 13 maj och han råkade ha fått en timme ledig på grund av att en reporter inställt en planerad intervju. Jag tog chansen och pläderade ännu en gång för fortsatt drift t. o. m. mars och efter en dryg timme hade Sten och jag tillsammans kläckt förslaget att i första hand förlänga driften t.o.m. oktober och i andra hand behålla en organisation så att produktion t.o.m. mars skulle kunna upprätthållas. I uppgörelsen skulle ingå möjligheten för företaget att utnyttja stödimport för att upprätthålla leveransberedskap. Möjligheten att tillgå import av Eternit utan överenskommelse med de anställdas organisationer ansåg jag vara mycket tveksam och det var därför ett viktigt skäl att uppnå en samförståndslösning.

Det var en härlig känsla att veta att man hade samförstånd med Sten Lindh när många in i det sista trodde att han endast ville förlänga t. o m. oktober. På styrelsemötet tog Sten genast fasta på det av mig skrivna förslaget från samrådsgruppen och det var flera långa ansikten runt det bordet.

I Lomma betraktades beslutet som en stor och oväntad seger. Ett stormöte arrangerades och det var avverkat på rekordtid.

I den rapport till styrelsen som jag sammanställt och redogjorde för vid sammanträde 1976-10-05 kunde jag konstatera att den prognos som gjorts i mars och vilken visade en förlust på rörelseresultatet med 25,7 milj.kronor nu hade förbättrats med ca 20 milj. Sten konstaterade att de beslut om fortsatt verksamhet som styrelsen fattat beträffande både Köping och Lomma föreföll riktiga. Dessutom kan tilläggas att det faktum att besluten gjorts i samförstånd med de anställdas organisationer gör de desto mera värdefulla. Det bekräftar att det som är bra för företaget även är bra för de anställda och tvärtom.

Euroc Development

I slutet av mars påbörjades diskussionerna om Futuroc (senare Euroc Development) och Promonord. Jag erbjöds bli vice verkställade direktör inom Futuroc och enligt Kjell Rosén skulle Areskoug av "prioritetsskäl" bli VD. Den föreslagna organisationen visade mig som ansvarig för steg 2.

Redan i ett tidigt skede framhöll Areskoug vid en gemensam diskussion med Tor Blomquist att han inte ville ha en sådan uppläggning och framförde som ett motiv att jag inte skulle avskärmas från den övriga verksamheten. Han ritade i stället in mig i stabsposition under sig och alla funktionerna underordnade sig själv. Hur han tänkte utnyttja mig framgick inte. Tor Blomquist motsatte sig inte Areskougs förslag att gå ifrån den tänkta uppläggningen utan sade att det fick vi ordna upp sinsemellan.

I privat samtal har Tor Blomquist sagt att Areskoug är känd för att ha

svårt att samarbeta med sin personal, men att han blivit bättre med
åren. Tor lovade stötta mig i mina ambitioner att arbeta för en moder-
nare och mindre auktoritär ledning av steg 2-projekten.

Redan vid vårt första planeringssammanträde som föregick ovan
relaterade diskussion med Tor Blomquist visade det sig att Carl-Otto
Areskoug och jag hade olika uppfattningar om organisation och led-
ning. Areskoug föreslog en funktionell organisation med central exper-
tis och jag förordade en "venture organisation" i vilken varje projekt
inom steg 2 skulle ha en viss självständighet med delegerat ansvar och
egna resurser. Areskoug ville också skriva in i Developments målsätt-
ning att all verksamhet skulle centraliseras till Malmö. Jag framförde
som alternativ att varje steg 2 projekts okalisering skulle prövas från
fall till fall och endast om det inte fanns några andra skäl skulle Malmö
prioriteras.

I samband med företagsgruppens ledningsgruppsammanträde på
Vallåsen den 24 – 25 maj bad jag få ett samtal med Areskoug för att
diskutera mina uppgifter inom enheten. Han sade då att jag skulle
kunna utnyttjas som sakkunnig på inflytandefrågor och han önskade
att jag satte mig in i den gamla CTU-verksamheten. (Dessutom hade
han i annat sammanhang placerat in mig i organisationen som projekt-
ledare för Coloroc i stället för Oliver Sjölander.) Jag framhöll att avsik-
ten med min utnämning hade varit, såvitt jag förstått, att utnyttja min
erfarenhet från företagsledning vid uppbyggandet av steg 2 projekten.
Han sade att han kunde senare ta upp denna fråga med berörda inom
projekten och om de så önskade skulle det bli så.

Vid ett senare tillfälle 12 – 13 augusti, likaså på Vallåsen men denna
gång med personal från Euroc Development, ställdes direkt en förfrå-
gan från en steg 2 representant (Johan Alexandersson) om inte steg 2
kunde ha en representant i ledningsgruppen i likhet med steg 1. Jag
föreslogs att bli denna representant. En intensiv debatt uppstod under
närmare en halv timme varvid i stort sett samtliga stödde förslaget,
men Areskoug motsatte sig detta med alla möjliga krumbukter. Det
blev därför inget av Areskougs tidigare utfästelse att rätta sig efter de
berördas önskan.

Siroc-projektets lokalisering

En verklig tvistefråga uppstod mellan mig och Areskoug med anledninga av Siroc-projektets lokalisering. Redan innan Euroc Development var påtänkt var det i stort sett beslutat att Siroc skulle överföras till Interoc/Promonord. Vid diskussion om Siroc med Areskoug, Martin Egnér och jag (då i min egenskap av vice VD inom Interoc/Promonord) föreslog Areskoug att 1 april skulle gälla som officiellt datum för överförandet. Detta blev inte formellt verkställt på grund av att planerna på Euroc Development och "nya" Promonord startade i slutet av mars. Därför kom intresset att inriktas på Siroc-projektets lokalisering.

Sten Lindh hade tidigare antytt att Köping låg närmast till hands för fortsatt provverksamhet med Siroc, bl.a. på grund av att tidigare produktionsprov ägt rum där. Efter noggranna analyser och ca en månads förhalning (med hänvisning till diskussioner med Tunnel Cement i England) beslutades högtidligt i närvaro av Areskoug, Martin Egnér och jag att Köping var bästa alternativet, och eftersom koncernchefen tidigare indikerat samma sak ansågs beslutet vara definitivt. Areskoug beklagade vid detta tillfälle att han, som tidigare kritiserat andra instanser för att hålla tillbaka Siroc, nu själv hade förhalat beslutet.

C:a en vecka efter detta beslut kommer dock Areskoug på andra tankar och beslutar i stället att Siroc skall förläggas till Lomma. Jag opponerar mig inför Tor Blomquist bl.a. med anledning av att jag informerat både Lomma och Köping om det ursprungliga beslutet. Tor tar telefonkontakt med Stig Lindblom som meddelar att han "skall ta hand om koncernchefen" och att en av de tre planerade produktionslinjerna skall förläggas i Köping men övrig verksamhet till Lomma.

Under våren slets de tre individer från Arlöv som var engagerade i Siroc-projektet mellan hopp och förtvivlan. I slutet av mars hade jag tagit initiativet till att dessa tre med familjer besökte Köping. Optimismen var stor och projektchefen hann köpa en villa innan de nya signalerna kom från Areskoug.

Lokaliseringsfrågan fick dock åter en ny vändning när koncernchefen vid möte i juli med Areskoug och Lindblom stod fast vid sina tidigare uttalanden om att den fortsatta utvecklingen av Siroc skulle förläggas till Köping. Jag var själv inte närvarande vid detta sammanträde men jag har fått relaterat vad koncernchefen har sagt "inte en krona till Siroc-produktion i Lomma".

Detta beslut innebar naturligtvis en prestigeförlust för både Stig Lindblom och Areskoug, och samtidigt ytterligare ett horn i sidan gentemot mig.

Något har gått snett

I början av september blev jag av Tor Blomquist per telefon ombedd att komma till Malmö för ett sammanträffande. Jag hade på känn att allt inte var som det borde vara. Mycket riktigt var det min situation inom den s.k. företagsgruppen som han ville diskutera. Han uttryckte oro för min framtid inom denna grupp.

Vi hade två veckor tidigare haft chefsmöte i den s.k. företagsgruppen. Några incidenter hade då belastats mig och jag förstod att Stig Lindblom hade vänt tummen ned för mig. Jag hade vid detta sammanträde inte omgående kunnat ge svar på tal men i efterhand hade jag per brev till Tord Vajda och Stig Lindblom försökt reda ut begreppen. Jag sade därför till Tor att jag var medveten om att jag befann mig i en besvärlig sits, men att jag trodde saken skulle rätta till sig. Jag utgick då från att jag skulle få visst stöd gentemot Carl-Otto Areskoug. Under samtalet frågade Tor om jag hade reflekterat på att söka jobb utanför koncernen och menade att i en sådan situation som jag hamnat i kunde det vara en lämplig utväg.

En av orsakerna varför jag i förväg förstod att allt inte stod rätt till var att jag några dagar innan fått mitt lönebesked vilket inte innehållit något "rejält befordringstillägg", vilket jag hade blivit utlovad tidigare av Tor. På min förfrågan medgav Tor att Stig Lindblom inte medgivit något sådant. Tor påpekade att han särskilt väl kom ihåg detta på grund av att mitt lönetillägg råkade motsvara hans första årslön. Jag sade att jag tyckte det var egendomligt att en chef som jag ännu inte helt och hållet sorterade under skulle kunna påverka tidigare och för andra uppgifter avgivna utfästelser.

I detta läge var jag självfallet mycket bekymrad. En "blivande chef" (Stig Lindblom) i Paris har ingripit och uttryckt sitt misshag över mig redan innan jag på allvar börjat i den företagsgrupp som han ansvarar för. Detta i kombination med att jag och min VD inom Euroc Development var två mycket "omaka" personer och att jag inte märkt något av det av Tor Blomquist utlovade stödet vid de tillfällen jag behövde detta.

Jag hade vid några tillfällen försökt att få kontakt med Stig Lindblom för att diskutera rent allmänt min roll inom organisationen, men han hade avvisat dessa försök med motiveringen att han inte ville gå förbi Areskoug.

Min uppgift var och hade under året varit Skandinaviska Eternit AB. Eftersom Sten Lindh var ordförande i styrelsen för detta företag ansåg jag mig var berättigad att informera honom om de incidenter jag trodde hade lett till min situation. Jag kände ett behov av att ge min syn till honom eftersom jag förstod att Stig Lindblom hade eller skulle ge sin. Jag valde att göra detta i brevform men bad uttryckligen inte om någon åtgärd från hans sida. Jag trodde att jag bl.a. med ett samtal med Stig Lindblom skulle kunna rätta till situationen. Jag skrev därför samtidigt ett brev till Stig Lindblom och bad om ett sammanträffande. Några dagar senare blir jag per telex kallad till ett gemensamt möte med Stig Lindblom, Tor Blomquist och Carl-Otto Areskoug på Tors kontor.

Vid detta möte säger Stig till Tor ungefär så här: "du kanske skall börja". Men Tor hade uppenbarligen svårigheter att göra detta och då tar Stig ordet och framför sina skäl varför han anser "att jag inte passar in i gruppen". Bland annat att jag inte är marknadsorienterad.

Jag opponerar mig genom att påpeka att min roll som vice VD inom två olika organisationer hade medfört situationer som kunde misstolkas. Under diskussionen påpekade Areskoug mycket ärligt och öppenhjärtligt att han aldrig förstått vad han skulle ha en vice VD till, och erkände att han själv är dålig på att delegera. Sammanträdet avslutas med att jag ber om ett enskilt samtal med Tor. Denne försöker uppskjuta detta till kommande dag men jag insisterar.

Vid detta samtal ber jag honom om råd då jag förstår att min situation inom Euroc Development är hopplös när jag har både Areskoug och Lindblom mot mig. Till en kollega har Stig Lindblom karakteriserat mig som besvärlig bl.a. på grund av att jag agerar. Carl-Otto Areskoug har till en annan kollega kallat mig för "en jäkla bråkstake". Jag anser att mina motsättningar med Areskoug var naturliga och möjliga att klara upp men när Lindblom och Areskoug för en gång skull funnit varandra så var min framtid inom denna organisation hopplös. Vid samtalet kom vi fram till att jag skulle formellt fortsätta inom Euroc Development (kommande dag var chefsmöte i gruppen) men att jag när så blev möjligt skulle ta någon annan uppgift. I ett brev till Tor dagen efter chefsmötet skriver jag: "Det är inte lätt att vara profet .... eller otack är världens lön. Det finns många sätt att beskriva den situation jag har hamnat i. I vissa avseenden känns det dock som en befrielse att ha kommit ur en helt omöjlig sits. De verkliga problem, som orsakat denna utveckling, finns dock kvar till förfång för företaget och de anställda. Denna vetskap känns lika betungande som min egen situation."

Någon vecka tidigare hade jag blivit tillfrågad om en 4-veckors kurs på *Centre d'études industrielles* i Geneve vilken skulle börja redan efter ytterligare någon vecka. Under denna skulle Tor komma till Geneve för ett samtal.

Redan i samband med mitt brev till Sten Lindh och alltså före det jag bad om ett sammanträffande med Stig Lindblom hade jag beslutat mig för att avsäga mig uppdraget inom Skandinaviska Eternit. Jag hade tidigare under hösten blivit lovad att få släppa i första hand Lomma men även avvecklingen i sin helhet. Eftersom jag ansåg att det var inom det ansvarsområdet som orsakerna till konflikterna med Lindblom låg så hoppades jag att mitt frigörande från avvecklingen skulle förbättra mina dåliga relationer.

Jag funderade naturligtvis på att i stället släppa Euroc Development och helt ägna mig åt Skandinaviska Eternit, speciellt som avvecklingsverksamheten både i Köping och i Lomma hade fungerat mycket bra och uppläggningen för den återstående tiden var i stort sett klar. Företagsgruppens intressesfär sammanföll dock med avvecklingsrörelsen både i Lomma och i Köping och en fortsättning av konfliktsituationen hade därför varit oundviklig. Dessutom var det av naturliga skäl ingen direkt framtid på den befattningen och jag ville i stället försöka komma ifrån mitt anseende som "avvecklingsspecialist". Jag anade inte då vad

Stig Lindblom skulle ställa till med.

Min hemställan om befrielse från uppdraget med avvecklingsrörelsen inom Skandinaviska Eternit beviljades utan någon närmare diskussion. Sten Lindh uttryckte vid styrelsemötet sin förståelse för min önskan och avtackade mig för ett väl utfört arbete samtidigt som han avtackade Bengt Cardell. Jag upplevde det som en förolämpning att bli avtackad samtidigt som Bengt Cardell, som enligt min uppfattning har ställt till med mycket elände. De anställdas representant i styrelsen, Olof Öbrink, instämde i ordförandens tack till Bengt och mig, men tillade "speciellt till Dick".

Kommentar till "För lång och trogen tjänst"

Dessa detaljerade anteckningar skrevs vintern 1977. Jag var då 44 år. De omfattar endast tre av de fjorton år som jag var verksam inom Euroc-koncernen. Jag blev placerad på bolagets Stockholmskontor på Villagatan efter det att Siporex-nedläggningen var slutförd och Brysselplanerna slopade. Vi var endast ett fåtal personer som var fasta, för övrigt utnyttjades kontoret för besökare från huvudkontoret. Stundtals hade jag inte mycket att göra. Vi hade en sekreterare, Ann Kraft, och det möjliggjorde utskrift av dessa anteckningar.

I samma trappuppgång bodde höger/moderatledare Gösta Bohman. Han var bekant med min Pappa och vi utbytte alltid vänliga ord när vi möttes i trappan. Jag passade även på att skriva insändare till Svenska Dagbladet. En blev införd, men en annan blev refuserad. Den är idag intressant att läsa för vad jag då föreslog, ett samgående mellan alla de borgerliga partierna, senare har realiserats.

De tre år som skildras i anteckningarna var ibland dramatiska, men nedläggning av företag är inte en positiv verksamhet även om resultatet kan upplevas som relativt sett positivt. Mina fem år i Slite och även åren i Limhamn har jag i gott minne som fina år, men jag hade då inget intresse av att skriva några anteckningar. Istället har jag under rubriken "Stolpar" försökt summera lite av vad jag kommer ihåg. Men detta är i en annan bok.

Vad hände sedan med Cementbolaget?

Och varför skulle man vilja tillägga, men det har jag tyvärr väldigt lite kunskap om. Efter det jag lämnade bolaget 1978 var jag Teknisk Direktör vid AGA Gas i 6 år, och därefter tillbringade jag 27 år i USA.

Däremot har jag fått kunskap om ett nytt praktverk som handlar om Limhamns kalkhistoria skriven av en gammal kollega i Cementbolaget.

KALKSTEN

Händelser och personer kring kalkstenen i Limhamn under 500 år.

Ingemar Wickström

Kira Förlag 2020

Ett avslutande kapitel i den boken handlar om:

"Vad blev det egentligen av Cementbolaget.

Nya produkter och ökad internationalisering

Några år in på 1970-talet var Cementbolaget (från 1973 med namnet Euroc) moderbolag i en ganska vildvuxen koncern. Det ursprungliga produktsortimentet hade bestått av cement, kalksten, bränd kalk och släkt kalk och tegel. Under decienniernas lopp tillkom en rad nya produkter: puts- och murbruk, prefabricerade betongprodukter, färdigbetong, ballastmaterial (sand, grus och makadam), asbetscement (Eternit), lättbetong (Siporex), gipsskivor (Gyproc), sanitets- och elektro-porslin (Ifö), vägvältar och andra anläggningsmaskiner (Dynapac), pre-fabricerade småhus (Elementhus, Siporex Småhus). Koncernen hade vuxit till ett av de mest betydande byggmaterialföretagen med ett starkt inslag av verkstadsindustri. Antalet anställda uppgick 1973 till 14 000, varav c:a 2 500 utomlands. Härtill kom att Cementbolaget ge-nom ett dominerande aktieinnehav hade en nära anknytning till lan-dets största entreprenadföretag, AB Skånska Cementgjuteriet (det senare Skanska AB). Av hänsyn till Cementbolagets övriga kundkrets upprätthölls emellertid en strikt rågång mellan de båda koncernernas affärer.

Lönsamheten var i början av 1970-talet pressad och situationen försämrades kraftigt en bit in på årtiondet. De faktorer med djup lågkonjunktur och politiska angrepp som drabbade cementverksamheten slog i lika mån mot koncernens övriga svenska byggmaterialverksamhet. Våren 1974 infördes prisstopp på koncernens viktigaste produkter som cement, lättbetong, Eternit, badkar, diskbänkar, etc. Bolagets möjligheter att kompensera sig för de starkt ökande tillverkningskostnaderna begränsades.

Eurocs strategi för att möta denna utveckling blev i första hand att satsa på en fullständig omstrukturering av den svenska cementindustrin på sätt som beskrivits ovan. Ledorden blev i övrigt dels diversifiering bort från byggmaterial genom ytterligare satsningar inom verkstadsindustrin (materialhanteringssystem i Tellus Maskin AB, värmepannor och solvärme teknik i Teknoterm AB, expansion inom Dynapac), dels ökad internationalisering. Strategin blev volymmässigt lyckad. Resultatmässigt blev det däremot inte en framgång.

År 1982 fick koncernen en ny chef. Sten Lindh efterträddes av Sven Borelius, som hade en lång industriell erfarenhet inom koncernen, först i lättbetongverksamheten och från 1972 som chef för cementverksamheten. En ny strategi togs fram. Diversifieringstanken övergavs och i stället inriktade man sig - med bibehållen strävan mot ökad internationalisering – på satsningar inom cement och cementanknutna byggmaterial som färdigbetong, ballastmaterial (sand, grus och makadam) och betongvaror.

Internationella cementsatsningar

De internationella cementsatsningarna skedde från 1986 i delägarskap med den norska Norcem-koncernen, vari den norska cementindustrin 1968 gått samman. I ett av Eurocs och Norcem gemensamägt, *Scancem International*, samlades en omfattande cementrörelse med cementfabriker samt malnings och distributionsanläggningar i USA, Afrika och England, inte minst som stödjepunkter för export från de svenska och norska cementfabrikerna. Samtidigt sålde Euroc en rad verksamhetsgrenar som Iföföretagen, Teknoterm, Tellus, Dynapac och Siporex. Elementhus hade sålts redan 1974 och koncernens Eternitverksamhet hade stängts 1977-1978 på grund av de med asbetshanteringen förknippade svåra hälsoproblem.

I början av 1990-talet förändrades förhållandena inom den internationella cementsektorn. Förverkligandet av EG:s inre marknad drev på tendenserna till ökad koncentration. Sovjetunionens upplösning och öppnandet av Östeuropa bidrog ytterligare. Samtidigt drabbades Europa av lågkonjunktur, i Sverige accentuerad av en djupgående finans- och fastighetskris med sin grund i 1980-talets avregleringar inom kredit- och valutasektorn. Efterfrågan på koncernens produkter sjönk kraftigt. En motsvarande kris drabbade Finland och Norge.

Redan från slutet av 1980-talet hade det från och till pågått diskussioner mellan Euroc och Norcem om en vidgad sammanslagning av de båda företagens verksamheter. Norcem hade nu köpt in sig i och slutligen fusionerats med det norska verkstadsföretaget Aker och antagit dettas namn. Diskussionerna om en sammanslagning hade emellertid inte lett fram till någon överenskomme se som godtogs av Akers styrelse.

Den svåra ekonomiska krisen ledde nu i stället till samtal mellan Euroc och de finländska cementföretagen Partek och Lohjo/Metra om möjligheterna för ett sammangående, samtal som ledde till att Euroc förvärvade de båda finländska företagens cement- och betongverksamheter. Förvärvet blev en framgång. Samordningseffekterna kom att starkt överträffa de förväntningar man haft vid förvärvet. Den finländska marknaden började nu också att förbättras.

Förhandlingar återupptogs nu med Aker, något som 1995 ledde till att Euroc från Aker köpte den norska cementindustrin med bl.a. tre cementfabriker och dess i den sedan tidigare gemensamägda internationella cementverksamheten. I samband härmed blev Aker aktieägare i Euroc, som härefter hade två dominerande aktieägare, Skanska och Aker med vardera 33,3 procent av aktierna. Ett krav från norrmännen för genomförande av affären var också att Euroc ändrade sitt namn till det mera partsneutrala *Scancem* – det var fråga om ett "samgående" inte en försäljning/köp.

Även genomförandet av sammanslagningen med den norska cementindustrin gick bra. År 1998 uppnådde Scancem sitt bästa resultat någonsin. Koncernens omsättning bestod nu till 100 procent av byggmaterial med en utlandsdel om 80 procent. Scancem tillhörde inte giganterna på den internationella cementmarknaden men var bland de 5-6 största i västvärlden. Framtiden såg ljus ut. Med koncernens goda lönsamhet och starka finansiella ställning förelåg alla förutsättningar- för nya stora steg i dess utveckling. Men vid denna tid inträffade för- ändringar hos Scancems två dominerande ägarbolag Skanska och Aker.

Ägarstrid leder till försäljning av Scancem

I Skanska hade 1992 en ny ledning tillträtt med *Percy Barnevik* som styrelseordförande och *Melker Schörling* som koncernchef. *Percy Bar- nevik* genomdrev ett planlöst upplösande av det korsägande som dit- tills varit en stabiliserande faktor för Skanskas oberoende. Härigenom kom Skanska 1996 i händerna på de s.k. riskkapitalisterna *Sven Hag- strömer* och *Mats Qviberg* i samarbete med det Handelsbanken när- stående *AB Industrivärden*. Hagströmer, Qviberg och Industrivärdens styrelseordförande *Bo Rydin* var av uppfattningen att Skanska enbart skulle ägna sig åt byggverksamhet och att bolaget var överkapitaliserat. Dess aktieinnehav i andra företag, bl.a. Scancem, liksom betydande delar av dess fastighetsbestånd borde avyttras och medlen istället komma Skanskas aktieägare till godo. Att Skanska huvudägare hade denna uppfattning var väl känt och man kan vara säker på att Aker uppmärksamt följde utvecklingen.

I Norge inträffade en motsvarande ägarförändring beträffande Aker. Kontrollen över bolaget övertogs av den norske entreprenören *Kjell Inge Røcke*. Och Aker under Røckes ledning hade vidare ambitioner när det gällde Scancem.

Den 9 oktober 1997 blev början på slutet av Cementbolagets/- Eurocs/Scancems 125-åriga existens som ett självständigt företag. Då tillkännagav Aker att man från svenska institutionella placerare bytt till sig 3 077 000 röststarka A-aktier i Scancem i utbyte mot samma antal B-aktier och en mellanlikvid av 1,3 miljarder kronor. Aker hade därige- nom uppnått ett röstetal om 41,2 procent i Scancem. Affären kom som en fullständig överraskning för Scancem och Skanska.

Inför risken att få sitt i Scancem investerade kapital förvandlat till en minoritetspost i ett dotterbolag till Aker reagerade Skanska omedelbart. Några dagar senare hade man köpt upp s g till 39,1 procent av aktiekapitalet och 48 procent av rösterna i Scancem.

Men i Skanskas styrelse drev Custos' och Industrivärdens representanter i början av 1998 igenom sin uppfattning att Skanska skulle sälja sitt innehav i Scancem, något som då offentliggjordes.

Konkurrensmyndigheten inom EU reagerade våren 1998 mot den ökning som under hösten skett av Skanskas aktieinnehav i Scancem. Man menade att – trots att Skanska inte nått över 50 procent av röstvärdet i Scancem och trots att Skanskas inflytande i stor utsträckning balanserades av Aker – att förvärvet inneburit att Skanska tog ensam kontrollen av Scancem. Skanska skulle då enligt regelverket ha anmält förvärvet till EU-kommissionen, något som inte skett. En undersökning om brott mot EU:s konkurrensregler inleddes.

Kommissionen kom så småningom fram till att om Skanska nu tilläts få ensam kontroll över Scancem skulle detta medföra allvarliga konkurrensproblem. Skanska stod nu i en situation där dess aktieförvärv i Scancem riskerade att underkännas och dessutom hotade dryga böter för brott mot konkurrensreglerna. För att undgå dessa konsekvenser tog Skanska upp förhandlingar med EG:s konkurrensmyndighet och erbjöd en lösning som innebar att Skanska i kraft av sitt aktieinnehav åtog sig att se till att Scancem för att öka konkurrensen på cementmarknaden avyttrade hela sin finländska verksamhet till en oberoende köpare och att Skanska därefter – för att lösa frågan om integreringen i andra produktionsled – skulle avyttra hela sitt innehav i Scancem.

Skanskas åtgärd att över huvudet på Scancems styrelse, mot Scancemledningens bestämda uppfattning och utan att använda den cementmarknadsexpertis som fanns inom Scancem föreslå kommissionen en styckning av verksamheten framkallade en stark reaktion. Förslaget offentliggjordes den 13 oktober 1998 och dagen efter beslöt Scancems styrelse att avvisa förslaget. Den offentliga debatten om Skanskas agerande blev hård och hätsk.

Kommissionen ansåg de av Skanska föreslagna åtagandena tillräckliga och beslutade den 11 november 1998 att med de angivna förutsättningarna godkänna Skanskas aktieförvärv.

Skanska påkallade nu en extra bolagstämma i Scancem för utseende av en ny styrelse, lojal mot det åtagande Skanska gjort gentemot kommissionen. Stämman hölls den 21 december och en helt Skanska-dominerad styrelse tillsattes. En månad senare offentliggjordes att Skanska och Aker kommit överens om att gemensamt bjuda ut sina aktier i Scancem till försäljning.

Köpintresset var stort bland de internationella cementföretagen och när förfarandet slutförts visade det sig att den tyska cementkoncernen *HeidelbergCement* avgett det högsta budet, ett bud som gällde även för Scancems övriga aktieägares innehav. För en total köpesumma av drygt 21 miljarder kronor förvärvade man samtliga aktier i Scancem. Den finländska verksamheten var då såld till den irländska cement-koncernen CRH. Två av giganterna på den internationella cement-marknaden trädde nu med konkurrensmyndigheternas goda minne in på den nordiska marknaden i den lilla uppstickaren Scancems ställe.

Skånska Cementaktiebolagets aktier hade noterats på Stockholms-börsen år 1900. Bolaget var näst – Försäkringsaktiebolaget Skandia – det äldsta företaget på börsen när det nu efter nästan 100 år av-noterades den 22 december 1999.

Scancem AB ändrade namn till *HeidelbergCement Sweden AB.* Dess verksamhet renodlades som Heidelbergkoncernens "Region Norra Europa" till cement, färdig betong, betongprodukter och ballast-material i Sverige, Norge och Estland. De utländska verksamheterna i övrigt inordnades i andra enheter inom Heidelbergkoncernen och rö-relser som låg utanför Heidelbergs huvudinriktning såldes. Bolagets huvudkontor flyttades från Limhamn till Stockholm, varifrån verksam-heten än idag leds.

Det gamla bolaget Skånska Cement/Euroc/Scancem utgör under namnet HeidelbergCement Sweden AB fortfarande en av Sveriges största byggmaterialkoncerner. Större dotterbolag i Sverige är fort-farande *Cementa AB* för cement, med de två cementfabrikerna i Slite och Skövde, *Betongindustri AB* för fabriksbetong, *Abetong AB* för be-tongprodukter och *Sand & Grus AB Jehander* för sand, grus och maka-dam."

Namn- och personregister

BILAGA

Allon de Jounge (1866-1939) var son till hamnkaptenen Allon de Jounge och Ottilia Mauritson. Han gick på Falu bergsskola 1887-1888 och arbetade i järnbruk bland annat *Gysinge* 1889-1896. Allon de Jounge var disponent för *AB Visby cementfabrik* 1897-1916 och verkställande direktör där 1916-1936 samt i *AB Karta & Oaxens Kalkbruk* 1917-1927. Dito och ordförande i styrelsen för *Ölands Cement AB* från 1921.

Han gifte sig 1898 med Anna Johanna Wedin (1875-1928), dotter till bryggägaren A. L. Wedin och Mathilda Rundblom. Han var far till direktören Arendt de Jounge (1900-1982), Greta Ottilia Matilda Neumüller (1899-1968) och Ingrid Löwenberg (1903-1959)

Allon de Jounge
Oljemålning av Louis Sparre 1934

Arendt de Jounge (1900-1982)var son till direktören Allon de Jounge (1866-1939) och Anna Johanna Wedin (1875-1928). Han tog studentexamen i Djursholm och skrevs in på *Kungliga Tekniska Högskolan* där han studerade maskinbyggnad och mekanisk teknik 1920-1924. Han blev därefter driftsingenjör vid *AB Visby Cementfabrik* 1926, disponent där 1926-1932, disponent och VD i *Slite Cement och Kalk AB* 1932-1965. Han var även VD för *AB Ruteverken* från 1936 och teknisk direktör i *AB Gotlands Kalkverk.*

Han var ordförande i *Gotlands handelskammare* från 1955, *Gotlands Allehandas tryckeribolag* från 1955, styrelseledamot av *Svenska cementföreningen* från 1930, *Slite Cement och Kalk AB, Svenska Cementförsäljnings AB, Slite Hotell AB* från 1933, *AB Ruteverken* från 1936, *AB Visby Bryggerier* från 1937, *AB Gotlands Bank* från 1938, ledamot av kommunalnämnden från 1933, ordförande i *Slite hamndirektion* från 1933, ordförande i *Rederi AB Ankaret* och *AB Hamra*, ledamot av och vice ordförande i *Kommunfullmäktige* från 1935, ordförande i stiftelsen *Visby sjömanshus* från 1961, ledamot av och vice ordförande i stiftelsen *Lundsbergs skolas* fullmäktige samt ledamot av *Gotlands nations* byggnad från 1943.

Arendt de Jounge var ledamot i Sveriges riksdags andra kammare för Högerpartiet från Gotlands län 1958-1959 och landstingsman 1963-1970.

Han gifte sig 1927 med Inga Åstrand (1902-2003), dotter till vice häradshövding Gustav Åstrand och Ann-Marie Hallström. Han är far till direktören Lars (född 1927), direktören Jan (1929-2008), direktören Dick (född 1933), Allon (1939-1986) och Madeleine (född 1944).

Arendt de Jounge
Oljemålning av David Ahlqvist 1960